중학생을 위한

역사학 수업

중학생을 위한 역사학 수업

초판 1쇄 발행 2022년 3월 7일 **초판 5쇄 발행** 2024년 1월 17일

지은이 이문영
그린이 허현경
기획 설완식
펴낸이 이승현

출판 3 본부장 최순영
교양 학습 팀장 김솔미 **편집** 김희선
키즈 디자인 팀장 이수현 **디자인** Studio Marzan 김성미

펴낸곳 (주)위즈덤하우스 **출판등록** 2000년 5월 23일 제13-1071호
주소 서울특별시 마포구 양화로 19 합정오피스빌딩 17층
전화 02)2179-5600 **내용문의** 02)2179-5765
홈페이지 www.wisdomhouse.co.kr **전자우편** kids@wisdomhouse.co.kr

ⓒ이문영·설완식, 2022

 ISBN 979-11-6812-241-3 43900

目 차 례

들어가는 글 :
역사학이라는 말이 어려울 여러분에게

제가 처음으로 역사에 대해서 생각해 보게 된 계기는 한국사나 세계사 시간이 아니고 국어 시간에 있었던 일 때문이었어요. 당시 중학교 국어 교과서에 김유신의 아들 원술랑에 관한 희곡이 한 편 실려 있었어요. 내용은 대략 이러했습니다.

당과 신라가 전쟁을 하던 중에 신라가 패하자 원술랑은 달아났어요. 이 사실을 알게 된 원술랑의 아버지 김유신은 크게 노해서 원술랑을 사형에 처해야 한다고 했죠. 하지만 문무왕은 직위가 낮은 원술랑에게 책임을 물을 수 없다며 사면해 주었어요. 이후 김유신이 죽자 원술랑의 어머니는 원술랑을 장례식에 참석하지 못하게 했어요. 훗날 원술랑은 당과의 전쟁에서 큰 공을 세웠지만 부모에게 용서 받지 못한 몸이라며 끝까지 벼슬을 하지 않았어요.

국어 선생님은 원술랑이 도망가서 훗날 공을 세운 것이 옳은가, 도망가지 않고 전사하는 것이 옳은가에 대해 토론하게 했습니다. 당시 저는 원술랑이 살아서 공을 세우는 것이 맞다고 생각했어요. 이미 진 싸움에서 헛되이 목숨을 버릴 것이 아니라 살아서 나중에 설욕하는 것이 더 낫다고 생각했죠. 하지만 저는 원술랑이 도망가지 않고 전사해야 한다는 입장의 토론자가 되었어요.

원술랑의 이야기는 삼국 시대 역사를 기록한 『삼국사기』의 「김유신 열전」에 실려 있어요. 그래서 집에 돌아와 「김유신 열전」을 꼼꼼히 읽고 당시 전투에 대해서 알아보았어요. 원술랑이 살아서 돌아올 수 있었던 것은 다른 병사들이 남아서 당 군사와 끝까지 싸웠기 때문이라는 걸 알게 되었어요. 또 신라의 화랑들이 지키는 세속 5계라는 계율 중 전쟁에 나가면 후퇴하지 않는다는 '임전무퇴'라는 항목이 있다는 것도 알게 되었죠.

사실 원술랑이 화랑인지는 정확히 알 수 없어요. 『삼국사기』에는 그런 얘기가 없거든요. 교과서에 실린 희곡에는 당시 전투 상황이 자세히 나오지 않았고 원술랑이 후퇴하는 데 도움을 준 사람들이 있다는 이야기도 없었어요. 나중에 알고 보니 원술랑이라는 이름도 극작가가 마음대로 붙인 거였죠. 하지만 그때는 그런 것까지 알지 못했어요. 교과서에 실린 내용이니까 당연히 사실이라고 생각했죠.

「김유신 열전」을 읽다 보니 당시 신라 사람들은 원술랑을 어떻게 생각했을지 궁금했어요. 아들을 죽여야 한다고 주장한 원술랑

아버지나 아버지의 장례식에 참석하지 못하게 한 원술랑 어머니의 마음은 어땠을까 하는 생각도 했죠.

그래서 그때부터 『삼국사기』와 『삼국유사』를 읽기 시작했어요. 그런데 읽을수록 교과서에 나오는 이야기와 다른 내용이 많아서 어리둥절했어요. 『삼국사기』에는 교과서에서 자세히 다루는 제도가 그냥 한 줄로 적혀 있었고, 광개토왕도 위대한 왕처럼 쓰여 있지 않았어요. 한국사 교과서와 『삼국사기』는 모두 역사책이잖아요? 그런데 왜 역사책이 이렇게 다를까 하는 의문이 생겼지만 그때는 정말 알 수 없었지요.

오늘날 우리가 아는 역사는 '역사학'에 의해서 쓰여진 역사예요. 역사학은 서양 근대에 발전한 학문이에요. 물론 동양에도, 서양 고대에도 역사책과 역사학이 있었어요. 그중 훌륭한 가르침을 다 모아서 만들어진 것이 오늘날의 역사학이에요.

「개구리 왕자」라는 동화를 아나요? 이 동화는 저주를 받아 개구리가 되었던 왕자가 공주에 의해서 저주가 풀리고 두 사람이 결혼하는 해피 엔딩 스토리이지요. 원작에서 개구리 왕자는 어떻게 사람으로 돌아왔을까요? 공주가 키스를 하자 사람으로 돌아왔다고요? 아닙니다. 원작에서는 공주가 개구리를 패대기치자 왕자로 돌아옵니다. 마녀가 걸어 놓은 저주는 공주가 패대기쳐야 풀리게 되어 있었어요. 정말 로맨틱하지 않죠? 그럼 왜 개구리를 패대기친 공주는 왕자와 결혼했을까요?

역사학의 입장에서 보면 개구리를 패대기친 건 '사실'입니다. 왜 결혼이라는 보상을 받게 되었는지를 설명하는 건 '해석'에 속합니다. 자기 마음대로 해석하지 않고 엄정한 학문적 방법론에 의거하여 해석을 하는 거죠. 이 책에서는 그 방법론에 대해서 이야기해 볼까 합니다. 이 책을 읽는다고 역사학의 대가가 되는 건 아니지만 역사학이 대체 무엇인가에 대해서는 알게 되리라 생각합니다. 그럼 같이 가 볼까요?

중학생을 위한 역사학 수업

1

모든 것을
의심하라

엄청나게 큰 종을 만들기 위해서 집집마다 쇠붙이를 시주 받았다. 그런데 한 집에서 쇠붙이가 없으니 아기라도 가져 가라고 말했다. 시주승은 그 말을 무시하고 돌아왔다. 하 지만 종을 만드는 데 계속 실패하자 결국 아기를 받아 와 쇳물에 던져 넣어 종을 완성하였다. 이렇게 만든 종을 치 자 마치 아기가 엄마를 부르듯이 '에밀레'라고 울렸다. 그 리하여 이 종을 '에밀레종'이라고 불렀다.

왕의 공덕을 널리 알리고 나라의 평안을 비는 종을 만들기 위 해 아무 죄 없는 아기를 희생시켰다는 무시무시한 내용입니다.

흔히 에밀레종이라고 알고 있는 성덕 대왕 신종은 경주 국립 박물관에 있습니다. 신라 성덕왕의 공덕을 알리기 위해 성덕왕의 아들인 경덕왕이 만들기 시작해서 손자인 혜공왕 때 완성된 멋진 종입니다. 성덕 대왕 신종을 에밀레종이라고 부른다는 것은 '사 실'일까요? 성덕 대왕 신종이 만들어졌던 신라 시대에도 에밀레 종에 관한 이야기를 '사실'로 알고 있었을까요?

다들 그렇게 알고 있어도 그것은 '사실'이 아닐 수 있습 니다.

에밀레종에 대한 이야기는 주한 미국 공사였던 알렌이 1895년에 쓴 글에도 나오고, 고종의 밀사로 활약했던 헐버트가 쓴 글에도 언급됩니다. 즉, 이런 이야기가 최소한 조선 말기에는 알려져 있었다는 것을 알 수 있습니다.

1925년 조선 총독부 기관지인 「매일신보」에 「어밀네종」이라는 글이 실렸습니다. 염근수라는 사람이 쓴 글입니다. 내용은 에밀레종 이야기와 거의 똑같습니다. 하지만 염근수가 쓴 글에는 그 종이 성덕 대왕 신종이라는 말이 없습니다. 글을 쓴 염근수는 서울 사람이니 그가 언급한 종은 경주에 있는 성덕 대왕 신종이 아니라 서울에 있는 보신각종일 수도 있습니다. 1927년에 「동아일보」에 실린 글에는 평양에 있는 종에 이런 이야기가 전해진다고 적혀 있기도 합니다.

1943년에 친일 극작가인 함세덕은 「어밀레종」이라는 희곡을 쓰고 무대에서 공연도 했습니다. 일본에서 에밀레종을 만들 재료를 가지고 오고, 일본에서 온 의사가 종을 만드는 기술자를 치료해 주는 등 내선일체를 강조하기 위한 내용이었습니다. 종을 만들기 위해서 기꺼이 쇠붙이를 바치는 모습은 당시 태평양 전쟁에 필요한 쇠붙이를 바치게 했던 시대상과 딱 맞아떨어집니다. 바칠 쇠붙이가 없으면 아기라도 바쳐야 한다는 이야기는 군국주의 일본 제국에서 딱 좋아할 내용이었습니다. 나라를 위해서 희생하는

모든 것을 의심하라

것은 당연하다는 생각이 오늘날까지 이 이야기가 전해진 동력입니다.

에밀레종 이야기는 원래 중국 당나라 때 만들어진 이야기입니다. 이 이야기에는 우리가 모르는 뒷이야기가 있습니다. 종을 치면 엄마를 찾는 아기 울음소리가 울리면서 도성이 무너지기 시작하고 결국 종을 만들게 한 권력자는 파멸에 이르게 됩니다. 종을 만들기 위해서 무고한 어린 아기를 죽인 권력자의 비참한 말로를 전해 주는 이야기입니다.

그런데 이 이야기가 우리나라에서는 통쾌한 복수 부분이 사라지고 피맺힌 원한만 남았던 것입니다. 당연히 이야기의 교훈, 즉 해석도 완전히 달라집니다. 중국의 이야기는 권력자가 백성을 학대하면 망한다는 권선징악을 담고 있는데 반해 우리나라의 이야기는 나라가 바치라는 건 잔말 말고 따라야 한다는 전체주의적 교훈을 가지고 있습니다.

이런 이야기가 어떻게 오늘날까지 어린이들이 보는 동화책에 실릴 수 있었을까요? 그것은 일제 강점기에 일본 제국이 강제로 주입한 애국심을 근대화라고 착각했기 때문입니다. 일본 제국이 물러나고 대한민국이 세워진 후에는 일본 제국에게 하던 충성을 대한민국에 바치면 된다는 식이었죠.

성덕 대왕 신종을 에밀레종이라고 말하는 사람이 많은 것은 사실이지만, 역사적으로 보면 틀린 사실입니다.

🔍 역사학은 이처럼 우리가 쉽게 사실이라고 믿는 것을 의심하라고 이야기합니다. 우리가 사실이라고 생각하는 것이 역사적 사실은 아닐 수 있습니다.

중학생을 위한 역사학 수업

2

사실인지
확인하라

사실인지 확인하라

우리나라 사람에게 아주 익숙한 격언이 하나 있습니다.

역사를 잊은 민족에게 미래는 없다.

일제 강점기 때 독립운동가이자 역사가였던 단재 신채호가 한 말이라고 알려져 있습니다. 그런데 사실이 아닙니다. 신채호는 이런 말을 한 적이 없습니다. 신채호가 쓴 책이나 글에서 이런 말은 찾을 수 없습니다. 그런데 왜 사람들은 신채호가 말했다고 할까요?

먼저 격언을 다시 읽어 보죠. 역사를 잊어서는 안 된다고 강조하는 내용입니다. 그러면 대체 역사라는 건 뭘까요? 역사는 사람들이 겪은 옛날이야기입니다. 다시 말하면 사람들이 겪은 옛날이야기를 잊지 말자는 것이 격언의 내용입니다.

왜 잊어서는 안 될까요? 역사가 교훈을 주기 때문입니다. 교훈은 아주 소중한 것이니까요. 아기 때 모르고 뜨거운 것을 잡았다가 깜짝 놀라면 다시는 같은 실수를 반복하지 않게 됩니다. 이렇게 사람들은 경험을 통해서 교훈을 얻습니다. 교훈이 깃든 이야기 중에 후대까지 계속 되풀이되며 알려지는 이야기는 역사가 됩니다. 그러니까 이런 소중한 경험을 잊어버리는 민족에게 미래라는 희망이 없는 건 어쩌면 당연한 것이겠지요.

하지만 이 격언은 신채호가 한 말이 아니고 후대에 누군가가 만든 말입니다. 인기 방송 프로그램에서 신채호가 한 말이라고 방송되어 널리 알려졌습니다. 수많은 시청자들이 보는 방송 프로그램에 나온 말이니 사람들은 신채호가 한 말이라고 믿었습니다. 신채호는 일제에 의해 체포되어 감옥에서 목숨을 잃었죠. 그의 비극적인 삶은 격언의 의미를 더욱 무겁게 만들었습니다. 이 격언에서 역사는 '일제 강점기에 받은 치욕'이라는 의미를 담고 있습니다. 이 격언은 일제의 식민지가 되었던 치욕적인 역사를 잊으면 또다시 외세에게 나라를 잃는 수모를 겪을 것이라고 말합니다. 정말 그럴까요?

조선은 역사를 엄청 소중하게 생각한 나라였습니다. 왕의 일거수일투족을 모두 기록하여 세계 문화유산인 『조선왕조실록』을 남겼습니다. 『승정원일기』의 앞부분은 임진왜란, 이괄의 난 등으로 불타 없어졌지만 남은 것만 해도 『조선왕조실록』보다 많습니다. 임금님이 쓴 일기인 『일성록』도 남아 있고 조선 시대 선비들의 문집과 역사책도 이루 헤아릴 수 없을 정도로 많습니다. 각 집안의 역사도 족보에 일일이 기록했습니다. 족보를 외우는 학문인 '보학'이라는 것까지 있을 정도였습니다.

그렇게 역사를 잊지 않았지만, 조선은 망했습니다. 처참하게 망했죠. 나라를 바친 친일파들이 들끓었습니다. 나라가 망하고

사실인지 확인하라

망하지 않고는 역사를 잊거나 기억하는 것과는 별반 관련이 없습니다.

역사학을 어떤 목적을 위해 사용해서는 안 됩니다. 그것이 국가라 해도 말이죠. 하지만 이렇게들 생각하기 쉽습니다.

"다시는 외세의 침략을 받지 않아야 한다는 교훈을 주는 좋은 말인데, 뭘 굳이 따지나요?"

정말 좋은 말이라고 해도 거짓을 사실로 만들면 안 되는 것이 역사학의 근본 핵심입니다.

사실이 아니어도 괜찮다고 하면, 누구나 자기가 좋은 말이라고 생각하는 것들을 역사책 속에 마구 집어넣게 됩니다. 그것은 자기가 생각하는 가치관에서 좋은 말일 뿐인데도 말입니다. 그런 것을 '역사 왜곡'이라고 합니다.

거짓말로 좋은 이야기를 꾸미는 것은 역사학에서 절대 해서는 안 될 일입니다. 좋은 교훈을 담아 이야기를 꾸미는 것을 우리는 소설이라고 부릅니다. 소설은 그래도 됩니다. 하지만 역사학에서는 안 됩니다. 역사학은 실제 일어난 일만 다루기 때문입니다.

실제 일어난 일은 꾸며 낸 소설처럼 해피 엔딩이 되지 않을 때도 많습니다. 숭고한 뜻을 품은 사람들이 너무나 안타깝고 어이 없을 정도로 황당한 이유로 목숨을 빼앗기는 일이 역사에서는 많이 일어납니다. 그렇다고 해서 일어난 일을 없었던 것으로 만들 수는 없습니다.

역사는 사람들이 겪은 옛날이야기라고 했습니다. 그 옛날이야기를 연구하는 학문이 역사학입니다. 역사가 재료라면 역사학은 그 재료를 음식으로 만드는 방법입니다. 그렇게 해서 나온 음식이 바로 역사책입니다. 역사학은 단지 그런 일이 일어났다는 것을 기록하는 데 그치지 않습니다. 역사학은 그 일이 사실인지, 왜 그런 일이 생겼는지를 연구하는 학문입니다.

사실인지 확인하라

중학생을 위한 역사학 수업

3

역사에는
승자와 패자가 없다는 걸
잊지 마라

역사는 승자의 기록이다.

누가 한 말인지 알 수 없는 오래된 격언입니다. 하지만 자주 사용되는 말이죠. 로마의 속담이라는 이야기가 있습니다만, 사실인지 잘 모르겠습니다. 뭔가 그럴듯하게 들리는 말이긴 합니다.

이 격언의 의미는 전쟁에 이긴 나라가 정복한 나라의 역사책을 다 불살라 버리고 그 나라의 역사를 소멸시킨다는 것입니다. 세계의 역사를 살펴봐도 로마나 이집트, 중국 같은 역사적으로 강국이었던 나라의 역사는 전해지지만 그들에게 정복당한 카르타고, 누비아, 흉노 같은 나라의 역사는 제대로 알려져 있지 않습니다.

하지만 이런 예는 매우 부적절합니다. 이들 나라의 역사가 잘 전해지지 않는 것은 단지 이들이 멸망당했기 때문이 아닙니다. 로마는 게르만족의 침입으로 멸망했습니다. 그럼 로마의 역사는 승자인 게르만족이 썼을까요? 아닙니다. 한나라는 흉노를 멸망시켰지만, 이후 북방 초원 지대에서 등장한 몽골 제국이 중국을 점령했죠. 그럼 그전에 중국의 역사는 소멸되었을까요? 물론 아닙니다. 로마나 한나라와 같은 나라는 수많은 문자 기록을 남겼고, 역사가들은 그 기록을 연구해서 역사책을 쓰는 것입니다.

기원전 1274년에 지금의 중동 지방에서 이집트와 히타이트가 싸운 카데시 전투가 일어났습니다. 이집트의 지휘관은 람세스 2

세였고 히타이트의 지휘관은 왕의 동생인 무와탈리 2세였습니다. 이 전쟁의 내막은 아부심벨 신전의 벽에 새겨져 있습니다. 지금도 남아 있는 거대한 신전인 아부심벨 신전은 람세스 2세가 세웠죠. 히타이트의 기습에도 불구하고 람세스 2세가 초인적인 능력을 발휘해서 적을 물리쳤다는 내용이 아부심벨 신전의 벽에 적혀 있습니다. 이집트 문자가 해독된 후 사람들은 모두 이 기록을 믿었습니다.

그런데 뜻밖의 일이 벌어졌습니다. 터키의 고원 지대에서 히타이트의 수도가 발굴된 것입니다. 그리고 여기서 히타이트의 기록이 쏟아져 나왔습니다. 이 기록 중에는 카데시 전투에 대한 것도 있었습니다. 이집트 기록과는 정반대로 이 전투의 승자는 히타이트로 기록되어 있었습니다. 이 전투는 최종적으로 히타이트가 승자였다고 볼 수 있습니다. 패자인 이집트가 기록을 남김으로써 역사를 왜곡하고자 했다고 말할 수 있죠. 이집트가 남긴 기록만 남았다면 역사적 사실이 왜곡되었을지도 모릅니다. 그렇게 되었다면 역사는 패자의 기록이 되어 버리는 거 아닌가요?

역사는 승자의 기록이라는 말이 이렇게나 허무한 것입니다.

중국의 가장 빛나는 역사책인 『사기』는 사마천이 썼습니다. 사마천은 한나라 무제 때 신하인데, 무제에게 바른말을 하다가 벌을 받고 궁에서 잡일을 하는 환관이 되었습니다. 권력에 의해서 처절하게 짓밟힌 패자였죠. 하지만 사마천은 좌절하지 않고 미래에 대한 희망을 자신의 역사책에 담아냈습니다. 그가 남긴 것은 승자의 기록이 아닙니다.

『삼국지』를 보면 동탁이라는 독재자가 나옵니다.

동탁은 살해당한 뒤 길거리에 버려졌습니다. 그런 동탁의 시체 앞에 와서 곡을 한 선비가 있었습니다. 채옹이라는 아주 명망 높은 선비였죠. 동탁이 권좌에 있을 때 채옹을 극진히 대접했기 때문에 채옹도 동탁의 죽음 앞에 예의를 표한 것입니다. 하지만 극악무도한 범죄자 동탁에게 예의를 표한 것은 범죄나 마찬가지였습니다. 채옹은 끌려가 사형 판결을 받았습니다. 채옹을 아끼는 다른 선비들이 달려가 살려 달라고 빌었습니다.

"채옹은 한나라의 역사책을 쓰고 있는데 그걸 다 쓸 때까지라도 살려 주십시오!"

그러자 정권을 잡고 있던 왕윤이 차갑게 대답했습니다.

"옛날 무제께서 사마천을 불쌍히 여겨 죽이지 않았더니

역사에는 승자와 패자가 없다는 걸 잊지 마라

사마천은 『사기』에서 무제를 비난했다. 채옹을 살려 줘 봐
야 좋은 이야기가 나올 리 없다."

이 이야기에서 알 수 있는 것처럼 권력자는 역사 자체를 좋아
하지 않습니다. 권력자들은 자신들에게 유리한 기록만 남기려는
시도를 하곤 했습니다. 그런 덕분에 역사는 승자의 기록이라는
격언이 그럴듯하게 들리게 되었습니다. 오늘날의 역사가들은 이
런 것을 모두 파악하고 있습니다. 누군가가 자신에게 유리하게
거짓말한 부분을 가려내죠.

그런데 아예 불리한 기록을 없애 버렸으면 어떻게 하죠? 그건
정말 쉬운 일이 아닙니다. 중국을 최초로 통일한 진시황은 기록
자체를 없애 버리고자 했습니다. 문자와 기록을 담당하는 사람들
을 없애 버리고 책들도 모두 불살라 버리려고 했죠. 실제로 이때
수많은 기록이 사라졌습니다. 책을 불태우고 선비들을 구덩이에
묻어 버린 이 사건을 '분서갱유'라고 부릅니다.

이런 일 때문에 어떤 나라의 기록이 부실하면 정복자나 권력자
가 불태웠다고 생각하는 일이 흔히 있습니다. 하지만 역사 기록
은 그렇게 쉽게 없어지는 것이 아닙니다. 실제로 진시황이 죽고
난 뒤 옛날 책들은 복구되었습니다.

역사는 승자의 기록이라는 이 격언은 역사를 믿지 못하게 만드는 나쁜 말입니다. 역사책을 보면서 이건 다 승자가 조작한 거니까 엉터리라고 생각하면 역사를 통해서 교훈을 얻는 것이 불가능해집니다. 권력에 의해 조작된 부분을 알아내는 것도 역사가의 일입니다.

글은 누구나 쓸 수 있습니다. 누군가 쓴 글은 시간이 지나 역사가의 역사로 다시 살아납니다. 여기에는 승자와 패자가 없습니다.

역사에는 승자와 패자가 없다는 걸 잊지 마라

중학생을 위한 역사학 수업

4

유사역사학에 속지 마라

역사는 승자의 기록이라는 말이 그럴듯하게 들리는 이유 중 하나는 우리나라 역사책이 불타 없어졌다고 말하는 사람들이 많기 때문입니다. 그런 주장을 하는 사람들은 고구려가 멸망했을 때 당나라 군대가 평양성을 불태우면서 고구려 역사책도 모두 불탔다고 말합니다. 그렇게 다 불타 없어졌으면 고려 시대에 펴낸 『삼국사기』는 무엇을 보고 쓴 것일까요?

　이런 이야기를 처음 한 사람은 조선 정조 때 실학자였던 이덕무입니다. 그런데 『발해고』를 쓴 유득공은 이덕무의 이런 이야기를 다 낭설이라고 비웃습니다. 어떤 사람들은 조선 왕들이 고대 역사책을 수집해서 불태워 버렸다고 주장하기도 합니다. 이들에게 조선 왕들이 굳이 역사책을 수집해서 불태울 이유가 있느냐고 되물으면 사대주의 때문이라고 말합니다. 그런 식이라면 수나라의 백만 대군을 무찌른 을지문덕이나 당 태종을 막아 낸 안시성의 역사 같은 것도 다 지워 버려야 했겠죠.

　서슬 푸른 일제 강점기에도 일제는 역사책을 다 불태우는 일이 불가능하다는 것을 알고 있었습니다. 조선 총독부는 그런 불가능한 일을 하는 것보다 사람들에게 자기들이 원하는 역사를 가르치는 것이 낫겠다고 생각해서 아예 역사책을 새로 만들었습니다. 일제 강점기 초기에 조선 총독부는 금서라고 지정한 책들을 수거해서 불태운 적이 있습니다. 불태운 책은 모두 51종으로 그 목록

　　　　　　　　　　　　유사역사학에 속지 마라

은 조선 총독부 관보 1910년 11월 19일 자에 실려 있습니다. 대부분 대한 제국 때 사용했던 교과서나 한민족의 민족의식을 고취할 수 있는 내용의 책입니다.

그런데 조선 총독부가 불태운 책들이 한민족의 숨겨진 역사책이라고 주장하는 사람들이 있습니다. 이런 사람들을 유사역사가라고 하고 이런 사람들의 주장을 유사역사학이라고 부릅니다. 다른 말로 사이비역사가, 사이비역사학이라고 합니다. 유사라는 말은 비슷하다는 뜻입니다.

유사역사학은 짝퉁 역사학입니다.

가짜 뉴스처럼 가짜 역사학이 있는 것입니다. 가끔 이렇게 말하는 사람이 있습니다.

"유사역사학에도 '역사학'이라는 말을 사용하니 역사학의 일종이 아닌가요?"

그건 '사람'이라는 말이 있으니까 눈사람도 사람의 일종 아니냐는 말과 같습니다.

유사역사학은 역사학이라는 학문이 정립된 뒤에 등장했습니다. 국가에 충성하라는 목적 때문에 등장했죠. 전근대 시대가 끝나고 근대로 접어들면서 새로운 국가들이 형성됩니다. 영토에 대한 확고한 지배력을 가지고 자기 시장을 가진 자본주의 국가들입니다. 이러한 국가들은 민족이라는 이름으로 단합을 요구했습니다. 민족주의 시대였죠. 하나의 민족으로 뭉치기 위해서는 과거로부터 함께해 온 '어떤 것'이 필요했습니다. 그래서 단순히 말이 통한다는 것을 넘어서서 하나의 혈연에서 비롯된 '혈연 공동체'라는 것을 강조하게 되었죠. 여기에 더해서 먼 옛날 엄청 위대한 국가를 이룬 민족이라는 자부심을 갖도록 했습니다. 이런 이유로 위대한 게르만, 위대한 아서왕, 위대한 아마테라스, 위대한 단군이 막 호출됩니다.

해방 후에 우리나라 유사역사가들도 우리가 전 아시아를 지배한 환국이라는 위대한 국가의 후손이라며, 자부심을 가지라고 주장했습니다. 또 그 위대한 역사를 잘 기억하고 있었다면 식민지가 되진 않았을 거라고도 말했습니다. 하지만 기억만으로 헤쳐 나갈 수 있는 역경은 없습니다.

우리나라 역사책 중에는 이름만 전해지는 것들이 있습니다. 어떤 이유로 없어졌는지, 그 책의 내용은 무엇인지 우리는 확실히 알지 못합니다. 하지만 증거도 없이 당나라가, 조선 왕이, 일제가 '위대한 역사'를 없앴다고 말하는 것은 '사실'일 수 없습니다.

유사역사학에 속지 마라

중학생을 위한 역사학 수업

5

민족주의를
제대로 이해하라

프랑스 작가 알퐁스 도데의 소설 「마지막 수업」은 프랑스의 영토였던 알자스 로렌 지방이 독일에 넘어간 뒤 독일어만 배우게 돼서 마지막 프랑스어 수업을 한다는 내용의 소설이죠.

그런데 이 소설을 읽다 보면 좀 이상한 부분이 있습니다. 선생님이 학생들에게 프랑스어를 잊지 말라고 당부하는 부분이죠. 원래 프랑스어를 사용한다면 문법이나 맞춤법을 배우지 않더라도 언어 자체를 잊진 않을 텐데, 왜 그런 당부를 했을까요?

이 소설에는 사실이 교묘하게 숨겨져 있습니다. 원래 알자스 로렌 지방은 프랑스어가 아닌 독일어를 사용하는 지방입니다. 그러나 주민들의 대다수는 자신들을 프랑스의 일원이라고 여겼습니다. 프랑스어, 독일어, 이탈리아어를 사용하는 스위스 사람들이 자신들을 스위스 국민이라고 생각하는 것과 마찬가지입니다. 한 국가에서 두 가지 이상의 언어를 사용하는 것은 그렇게 드문 일이 아닙니다.

하지만 우리나라 사람들은 이 소설을 일제 강점기 조선어 수업 폐지 사건과 연결 지으며 감정 이입을 했습니다. 이 소설이 우리나라에서 특히 인기가 높은 이유이죠.

고대 로마사 연구가로 1902년에 노벨 문학상을 수상하기도 한 역사가 몸젠은 독일어를 사용하기 때문에 알자스 로렌 지방이 독일에 속해야 한다고 주장했습니다. 하지만 프랑스 역사가 콜랑주는 언어로 nation을 가를 수는 없다고 주장했습니다. 콜랑주가 말한 영어 nation은 보통 '민족'으로 번역하지만 '국가'라는 뜻도 있습니다.

 민족이라는 말이 강력한 국가를 만들기 위한 이념으로 쓰이면서 민족주의가 생겨났죠.

일정한 지역에서 오랜 세월 동안 공동생활을 한 민족은 혈연, 언어, 문화, 역사 등 여러 요소로 결합되어 있습니다. 이 여러 요소가 한편으로는 나와 다른 사람들을 분리하는 기준이 되기도 합니다.

80년대까지만 해도 중국과 우리나라는 수교를 맺지 않아서 교류가 별로 없었습니다. 그때까지 우리나라 사람들은 연변 조선족 자치주에 살고 있는 한국인들에 대해서 굉장히 호의적으로 생각했습니다. 우리와 같은 '민족'이라고 여겼죠. 하지만 이후 국경이 개방되고 연변 조선족 자치주 사람들이 우리나라로 들어오기 시작하자 점차 우리와 구분하기 시작했습니다. 이들을 부르는 '조선족'이라는 용어는 '우리'와 다르다는 점을 강조한 차별 용어가 되어 버렸습니다. 중국에서도 쓰는 용어인데 왜 차별 용어인지 의아할 수도 있겠지만, 일제 강점기에 '조센징'이라는 말을 차별 용어로 사용한 것과 비슷한 맥락으로 이해할 수 있습니다. '조센징'도 '조선인'을 일본어로 읽은 것뿐이지만 한국인에 대한 멸시의 단어로 사용되었습니다. 이런 구분이 민족주의의 속성 중 하나입니다. 오늘날 우리 사회의 상황은 독일어를 썼지만 프랑스인이라고 생각했던 19세기의 프랑스보다 더 나빠졌을지도 모르겠습니다.

이런 구분 논리에 따라 오늘날에도 자꾸 과거에 그 지방이 어디에 속해 있었는가에 따라서 미래 역사가 결정될 거라고 주장하는 사람들이 있습니다. 유사역사가가 잘 사용하는 주장이기도 합니다. 먼 옛날 한나라가 고조선을 멸망시키고 그곳에 '한사군'이라는 네 개의 군을 설치했습니다. 한사군 중 낙랑군은 오늘날의 평양 지방에 있었습니다. 그런데 유사역사가들은 낙랑군이 평양에 있었다고 하면 중국이 한반도 정세에 개입할 근거가 되기 때문에 절대 낙랑군은 한반도에 있었던 적이 없어야 한다고 주장합니다.

이미 중국은 한반도 전쟁에 개입한 적이 있습니다. 1950년에 벌어진 6·25 전쟁 때입니다. 그때 중국이 "낙랑군이 거기 있었으니까 우리가 개입한다."고 주장하지 않았습니다.

한편 중국은 중국 영토에서 벌어진 역사적 사건 모두를 중국의 역사라고 주장하고 있습니다. 이것을 '역사 공정'이라고 합니다.

민족주의를 제대로 이해하라

특히 만주 지방에서 있었던 역사를 중국사라고 주장하는 것을 가리켜 '동북공정'이라고 부릅니다.

만주에 존재했던 고구려의 역사도 자기네 지방 정권의 역사라고 왜곡하고 있죠. 다른 한편으로 유사역사가는 간도 지방이 대한 제국의 영토였으니 되찾아야 한다고 떠들고 다닙니다. 두 주장 모두 어처구니없는 이야기입니다.

과거의 역사를 가지고 영토의 소유권을 주장하게 되면 세계는 잠시도 조용할 날이 없을 것입니다. 성경을 근거로 이미 다른 사람들이 살고 있던 곳에 이스라엘이라는 나라가 만들어진 결과, 중동 지방이 세계의 화약고로 불리며 하루도 조용할 날이 없게된 것처럼요.

중국이 동북공정 같은 일을 하는 것은 '하나의 중국'을 만들기 위한 것입니다. 이런 생각은 기존의 민족주의와 크게 다르지 않습니다. 여러 소수 민족이 함께 사는 중국은 그들을 '중국인'이라는 단일한 형태로 만들고 싶어합니다. 하지만 그렇게 하기 위해서 다른 나라의 역사를 훔치려 해서는 안 되죠. 민족주의를 위해서 역사를 이용하게 되면 동북공정 같은 일이 벌어집니다.

민족주의는 자기 민족을 최고로 생각하고 다른 민족은 우리와 다르다고 생각하게 만듭니다. 단순히 다르다고 생각하는 선에서

48

머물면 좋겠지만 우리는 저들보다 우수하다는 생각이 바닥에 깔려 있는 게 문제입니다.

오늘날 우리 문화는 전 세계로 퍼져 나가고 있으며, 이것을 '한류'라고 칭하고 있습니다. 스스로 우리 문화가 훌륭하다고 여기며 민족주의를 강조할 때도 있었습니다. 하지만 이제는 아닙니다. 문화에 우열이 있는 것도 아닌데 우리가 최고라고 생각해서 다른 나라의 문화를 은연중에 무시해서는 안 됩니다. 민족주의가 없어도 우리는 우리 문화를 발전시킬 수 있습니다.

역사는 과거에 있었던 일일 뿐입니다. 우리가 역사를 공부하는 것은 사람에 대해 더 이해하기 위해서이지, 다른 사람들을 차별할 근거를 찾기 위한 것이 아닙니다.

민족주의를 제대로 이해하라

사실과 사실 사이의 연관성을 찾아라

아무리 재미있고 좋은 이야기라도 사실이 아니면 소용없지. 마치 퍼즐을 풀듯 사실과 사실 사이의 연관성을 찾아 추리하는 게 얼마나 재미있는지 모를걸.

셜록의 추리

웅녀 → 곰을 섬기는 부족

환웅과 웅녀의 결혼 → 하늘을 섬기는 부족과 곰 부족의 결혼

단군 탄생 팩트!

단군 고조선 건국 팩트!!

사실과 사실 사이의 연관성을 찾아라

역사책을 읽다 보면 '이런 일이 정말 있었을까?' 싶은 경우가 있습니다. 단군 신화에서 곰이 사람이 됐다는 이야기뿐만 아니라 고구려를 세운 고주몽, 신라를 세운 박혁거세, 금관가야를 세운 김수로가 모두 알에서 태어났다는 건 정말 사실일까요? 고대에는 알에서 사람이 태어나기도 했을까요? 물론 그럴 리 없습니다.

그렇다면 이것은 거짓말이고, 거짓말이니까 역사로 볼 수 없는 것일까요? 그게 또 그렇지가 않습니다. 보통 건국 신화는 고대인들의 생각이나 상상을 알 수 있는 소중한 자료입니다. 알에서 사람이 태어난다는 이야기는 우리나라 건국 신화뿐만 아니라 다른 나라에도 있습니다. 고대인들은 이런 식으로 왕과 같은 신성한 사람을 기렸던 것입니다. 여기서 중요한 것은 고구려, 신라, 금관가야를 건국한 사람이 있다는 점입니다. 이것이 요즘 식으로 말하면 '팩트'입니다.

과거의 일들은 정확히 재현되지 않습니다. 어떤 사건이 일어났을 때 그 사건을 경험한 사람, 관찰한 사람, 전해 들은 사람마다 다르게 설명할 수 있습니다.

마치 한 편의 추리 소설처럼 생각해 볼 수 있습니다. 명탐정 셜록 홈스와 친구 왓슨은 늘 같이 다니며 사건 현장을 같이 봅니다.

셜록 홈스가 범인이 누군지 척척 파악하는 반면 왓슨은 늘 헛다리를 짚죠. 왜 그럴까요? 같은 장면을 봐도 그 장면을 해석하는 능력이 다르기 때문입니다. 해석은 달라도 변하지 않는 것이 있습니다. 바로 그곳이 범죄 현장이라는 점이죠. 누가 죽였는지는 알 수 없지만 피해자가 살해당한 것은 분명한 사실이죠. 탐정은 그 사실을 바탕으로 어떤 일이 벌어졌는지 합리적인 방법으로 추리해 나갑니다.

역사학도 마찬가지입니다. 1592년에 임진왜란이 일어났습니다. 이것은 사실이죠. 역사가는 임진왜란이 왜 일어났는지, 임진왜란 동안 무슨 일이 일어났는지, 그 결과는 무엇인지 자료를 모으고 당시 상황을 재현해 봅니다.

하지만 엉터리 역사가들, 즉 유사역사가는 사실을 공격해서 사람들을 혼란에 빠뜨립니다. 살짝살짝 말을 바꿔서 자기 주장에 유리하게 사용하기도 합니다. 제2차 세계 대전 때 약 600만 명의 유대인이 독일 나치 정권에 의해 살해당했습니다. 이 비극을 '홀로코스트'라고 부릅니다. 나치 독일은 유대인을 학살하기 위해서 아우슈비츠 수용소에 가스실을 설치했습니다. 이것은 명백한 사실입니다. 그런데 유사역사학에서는 이 명백한 사실을 흔들려고 합니다. 히틀러가 유대인을 학살하라고 말한 명령서가 없다고 주장합니다. 또 유대인 학살이 있긴 했지만 가스실 같은 처형장은 없었다고 말하기도 합니다. 이런 주장을 가리켜 '홀로코스트 부정론'이라고 합니다.

홀로코스트 부정론자들은 자신에게 유리한 증거나 설명하기 어려운 자료를 가지고 와서 자신의 주장이 맞다고 주장합니다. 예를 들어, 찍힌 각도에 따라 가스실의 굴뚝이 3개로도 보이고 4개로도 보이는 사진을 가지고 와서 서로 다르니까 잘못된 증거이고, 따라서 가스실은 없었다고 주장하는 식입니다. 또 수없이 많은 생존자들의 증언을 다 거짓말이라고 우기기도 합니다. 아우슈비츠에서는 유대인들의 시체에서 기름을 뽑아 내서 비누를 만들었다는 소문이 퍼져 있었습니다. 너무나 비극적이고 살 떨리는 이 소문은 마치 사실처럼 전해졌고 수용소에 갇혀 있던 유대인들은 독일군이 충분히 그런 일을 할 수 있다고 믿었습니다. 그래서 제2차 세계 대전이 끝난 뒤 당시 만들어진 비누들을 수거해서 인체 성분이 검출되는지 실제로 조사했습니다. 그 결과 비누 이야기는 무시무시한 괴담이었다고 밝혀졌습니다. 그러자 홀로코스트 부정론자들은 이 일을 꼬투리 잡아 아우슈비츠 생존자들의 증언은 모두 거짓말이기 때문에 믿을 수 없다고 주장했습니다.

다른 나라의 이야기만이 아닙니다. 우리나라에도 1980년에 일어난 5·18 민주화 운동이 남몰래 숨어들어 온 북한군이 일으킨 폭동이라고 주장하는 사람들이 있습니다. 실제로 사진에 찍힌 우리나라 사람을 북한군이라고 우기기도 했습니다.

이렇게 역사적 사건을 직접 겪은 사람들이 있는데도 불구하고 얼마든지 '사실'을 뒤흔들 수 있습니다. 오래된 역사일수록 더 그렇게 하기가 쉽죠. 증인도 살아 있지 않고 기록도 단편적이니까요. 설명할 수 없는 이상한 기록도 많습니다. 유사역사가들은 그런 기록을 가지고 와서 자기 편한대로 해석하고 역사가가 제대로 설명하지 못하면 자기 말이 맞다고 주장합니다.

역사학은 기록을 가지고 연구하는데, 역사 기록은 앞뒤가 빈틈없이 들어맞지는 않습니다. 인간의 기억이 불확실하고 불완전하기 때문입니다. 따라서 기록만 가지고 사건을 재현하기가 쉽지 않습니다. 사건을 재현하기 위해서는 우선 그 일이 정말 있었던 일인지 파악해야 하고, 그다음에 각 사건들의 기록 사이에 있는 연관성을 찾아내야 합니다. 그것이 역사가들이 하는 일입니다.

사실과 사실 사이의 연관성을 찾아라

중학생을 위한 역사학 수업

7

소설과 역사는 다르다는 것을 잊지 마라

조선 세조는 조카 단종을 몰아내고 왕위를 찬탈했습니다. 1년 후에 집현전 출신의 신하들이 중심이 되어 세조를 몰아내고 단종을 다시 왕에 앉히려는 계획을 세웁니다. 그러나 이 계획은 사전에 발각되어서 참여한 이들은 모두 체포되고 맙니다.

이날, 집현전 출신의 신숙주는 평소와 다름없이 퇴청하여 집으로 갔습니다. 그런데 아내가 대들보에 흰 천을 걸어 놓고 있는 것입니다.

"이게 무슨 일이오?"

"저는 당신도 잡혀가서 사형을 받으리라 생각하고 죽을 준비를 하고 있었습니다."

이렇게 말하고 신숙주의 아내는 목을 맸습니다. 권력에 빌붙은 남편을 꾸짖은 것입니다.

감동적인 이야기지만, 사실이 아닙니다. 조선 시대 이기가 지은 『송와잡설』이라는 야사집에 실려 있는 이야기로 사실이 아니라는 설명까지 쓰여 있습니다. 하지만 유명한 소설가 월탄 박종화가 쓴 단편 소설 「목매이는 여자」에 이 이야기가 나오면서 사실처럼 받아들여졌습니다.

이 이야기는 사실일 수가 없습니다. 신숙주의 부인은 이 사건

소설과 역사는 다르다는 것을 잊지 마라

이 발생하기 몇 달 전에 죽었으니까요. 신숙주의 부인이 몇 달 전에 죽었다는 사실은 『조선왕조실록』에도 적혀 있습니다.

박종화의 「자고 가는 저 구름아」라는 소설에는 조선 선조 때 신하였던 송강 정철이 사랑한 강아라는 기생 이야기가 적혀 있습니다. 이야기는 대략 이러합니다.

강아는 정철이 떠난 뒤에 그를 만나고 싶어서 길을 나섰습니다. 그때 마침 임진왜란이 일어났습니다. 정철이 선조를 따라 의주로 갔다는 것을 알고 북쪽으로 향하던 강아는 그만 일본군에게 잡히고 말았습니다. 의병장 이량의 권고로 일본군 대장 고니시 유키나가를 섬기게 된 강아는 평양성의 일본군 동태를 알아내어 조선과 명나라 연합군에게 몰래 알려 주었습니다. 이후 강아는 절에 들어가 비구니가 되었다가 정철이 죽은 뒤에 정철의 무덤 옆에서 3년을 지냈습니다.

이 이야기 또한 그럴듯하지만 사실이 아닙니다. 의병장 이량도 허구의 인물입니다. 그런데 이런 이야기가 강아의 묘비에 역사적 사실처럼 새겨져 있습니다.

소설가 박종화는 정철과 기생 강아의 만남, 그리고 정철이 죽은 뒤에 강아가 정철을 그리워하며 무덤 옆에서 3년간 지냈다는 단순한 사실을 가지고 대하 역사 소설을 썼습니다. 이것은 창작자의 우수한 능력이지요.

소설은 소설이고 역사는 역사입니다.
소설은 하나의 완성된 이야기를 요구하고 그렇게 완성된 이야기는 사람들의 심장을 뛰게도 하고, 펑펑 눈물을 쏟게 하기도 합니다. 물론 역사도 그럴 수 있습니다만, 꼭 그런 것은 아닙니다. 역사는 작가가 만들어 내는 이야기가 아니니까요.

세계를 정복할 것 같았던 알렉산더 대왕이 젊은 나이에 죽은 것도, 임경업 장군이 김자점의 흉악한 계략에 걸려 살해당한 것도 안타깝지만 어쩔 수 없는 역사의 사실이죠.
세조는 왕위를 찬탈할 때 북방에서 6진을 개척했던 김종서부터 제거했습니다. 세조에게 제일 무시무시한 적수는 전장에서 단련된 김종서였으니까요. 철퇴에 맞고 칼에 찔린 김종서는 끝까지 궁으로 들어가려고 했습니다. 소설이라면 김종서의 마지막을 멋지게 그릴 수도 있을 겁니다. 하지만 현실에서 김종서는 다음 날 체포되어 참수형에 처해지고 말았습니다.

소설과 역사는 다르다는 것을 잊지 마라

이렇게 역사 속에는 '그때 그 사람이 다른 선택을 했다면 또는 상황이 바뀌었다면 역사는 어떻게 달라졌을까?' 하고 생각하게 되는 순간이 있습니다. 그런 이야기를 소설로 쓸 수도 있습니다. 노량 해전에서 이순신 장군이 전사하지 않고 임진왜란이 끝난 후에 새로운 나라를 세우는 이야기를 소설로 쓸 수도 있겠죠. 하지만 그것은 역사가 아닙니다.

역사 드라마를 보면 역사적 사실과 충돌하는 이야기가 많습니다. 하지만 드라마는 역사책이 아니니까 크게 상관없습니다. 드라마를 만든 사람들이 진짜 역사라고 주장하지만 않는다면 말이죠. 드라마나 영화를 보는 사람들이 드라마나 영화의 내용을 사실로 여기기도 합니다. 관심 있는 드라마나 영화가 있다면 꼭 역사 사실을 찾아보고 확인하면 좋겠습니다.

소설이 매끄럽게 다듬어진 조각상이라면 역사는 무슨 모양인지는 대충 알 수 있지만 깨져 버린 도자기 같다고 할 수 있습니다. 그 도자기 파편을 하나하나 이어 붙이는 작업을 역사가가 하는 것이죠.

어떤 부분은 도저히 조각을 찾아낼 수 없기도 하고 어떤 부분은 조각이 없어도 짐작이 가능하기도 합니다. 때론 없어진 조각이 어디선가 발견되어 짐작했던 내용이 맞다고 알려 주기도 하죠. 반대로 완전히 헛짚었다고 말해 줄 수도 있습니다.

이런 조각 하나하나가 역사의 기록입니다. 기록이 없으면 역사도 없습니다.

소설과 역사는 다르다는 것을 잊지 마라

중학생을 위한 역사학 수업

진짜 기록과 가짜 기록을 구별하라

진짜 기록과 가짜 기록을 구별하라

오늘날 사람들은 핸드폰 없이 생활하기 힘듭니다. 핸드폰이 없던 시절에는 전화번호를 기억하기 위해서 보통 전화번호가 적힌 수첩을 가지고 다녔습니다. 지금은 핸드폰에 전화번호를 저장해 놓기 때문에 핸드폰이 없으면 가까운 친구에게 전화하기도 쉽지 않죠. 핸드폰이 모든 것을 기록하고 있기 때문에 우리는 핸드폰에 기록한 것을 잊어버립니다. 이걸 망각한다고 말하죠. 영원히 기억하기 위해서 기록하지만, 그것은 필연적으로 망각을 가져옵니다. 정말 희한한 일입니다.

기록을 위해 만들어진 것이 문자입니다. 인류가 기록한 '최초의 역사'라고 일컬어지는 수메르의 점토판이 있습니다. 이 점토판에 기록된 내용 중 큰 비중을 차지하는 것은 장부입니다. 장사를 하는 사람들은 숫자를 헷갈리면 큰일 납니다. 그래서 자신들이 사고판 기록을 점토판에 남겨 놓았던 것입니다. 아마도 많은 장사꾼들이 기록을 해 놓고 편안하게 사고판 내용을 잊어버렸겠죠.

문자의 발명과 관련해서 플라톤이 전해 주는 이야기가 있습니다. 이 이야기에는 이집트 신화 속 지혜의 신 토트가 등장합니다.

토트 신이 말씀하셨다.

"왕이시여. 이것으로 이집트 사람들은 더욱 지혜롭게 되고 기억력이 좋아질 것입니다. 이것은 제가 발견한 기억과

지혜의 영약입니다.”

타무스 왕이 말씀하셨다.

“재주 많은 토트 신이여. 그대는 놀라운 기술을 만들어 낼 수 있지만 그것이 유용할지 판단하는 것은 다른 이의 몫입니다. 문자는 그것을 배운 사람들의 마음에 망각을 불러올 것입니다. 왜냐하면 사람들은 이제 기억하려 들지 않을 테니까요. 당신은 기억력이 아니라 기억력을 일깨우는 영약을 발명하였습니다. 그들은 가르침을 받지 않고 많은 것을 읽을 것이고, 따라서 많은 것을 알고 있는 것처럼 보일 것입니다. 그들은 현명하지 않지만 현명한 것처럼 보일 것입니다.”

– 『파이드로스』 중 일부

오늘날은 과거에 비해 기록이 더욱 많아졌고 쉽게 접할 수도 있습니다. 인터넷의 발달과 교육의 발전 덕분입니다. 옛날에는 글자를 아는 사람이 별로 없었지만, 오늘날 대부분의 사람들은 글을 읽고 쓸 줄 압니다. 덕분에 매일 어마어마한 양의 기록이 쏟아지고 있죠.

현대는 노하우(know-how)의 시대가 아니라 노웨어(know-where)의 시대라는 말이 있습니다. 뭔가를 아는 것이 노하우였다면, 뭔가 아는 것이 어디 있는지를 찾아내는 것이 노웨어입니다. 사람들은 모르는 것을 구글이나 유튜브에서 찾아봅니다.

그런데 찾은 지식이 정말 제대로 된 지식인지 따져 봐야 합니다. 잘못된 지식과 정보도 얼마든지 있습니다. 오늘날은 가짜 정보의 홍수 시대이기도 합니다. 이런 가짜 정보를 만드는 사람들이 많은 사람들의 '클릭'에 의해서 인정받고 있습니다. 인터넷에서 '원하는 답'을 즉각 찾아내고 그것으로 지식을 무장하는 일을 흔히 볼 수 있습니다. 자기 주장과 일치하는, 혹은 자기 주장을 강화시켜 주는 해답을 찾아내는 거죠. 누군가 잘못된, 혹은 고의로 만들어 놓은 엉터리 정보가 이렇게 해서 계속 돌아다니면서 생명력을 유지합니다.

그래서 옛날에는 금방 사라졌을 엉터리 이야기도 더 오래 살아남아 영향력을 가지게 되었습니다. 예를 들어, 아직도 지구가 평평하다는 주장을 하는 사람들이 있습니다. 이런 사람들은 우주에서 찍은 둥근 지구 사진도 다 조작된 것이라고 주장하죠. 또 우주선을 타고 달에 간 것도 거짓말이라고 주장하는 사람들도 있습니다. 그들은 할리우드에서 만든 가짜 달 착륙 영상에 모두 속고 있다고 말하죠. 이밖에도 선풍기를 틀고 자면 죽는다거나 전자레인지에 음식을 데우면 음식이 변한다는 엉터리 주장도 인터넷상에서 끊임없이 재생되고 있습니다.

물론 인터넷에 엉터리 가짜 정보만 있는 것은 아닙니다. 정확한 지식을 전달하는 정보도 많이 있습니다. 문제는 가짜 정보와 진짜 정보를 구분하지 못한다는 데 있습니다. 가짜를 알아볼 수 있다면 가짜는 바로 힘을 잃어버리게 됩니다. 또 가짜 정보가 얼마나 많은 사람들을 혼동시키고 있는지를 알아내서 그에 맞는 대책을 세울 수 있습니다.

역사학을 공부하는 이유 중 하나는 바로 이런 가짜 정보를 파악하는 데 있습니다.

옛날 사람들이 쓴 기록이라고 해서 그것이 모두 사실일 수는 없습니다. 옛날 사람들도 거짓말을 할 수 있습니다. 옛날이라서 비과학적인 생각도 많이 합니다. 그런 부분을 모두 고려해서 역사가들은 역사를 다시 만들어 봅니다.

🔍 역사학은 기억을 간직한 문자를 해독하는 학문입니다. 좀 이상하다고 기록을 무조건 거짓말이라고 해서는 안 됩니다. 무조건 믿어서도 안 됩니다. 기록은 사람들의 기억을 담은 것이고, 사람들의 기억은 쉽게 왜곡됩니다. 불이 위험하기 때문에 잘 사용해야 하는 것처럼 기록도 똑같습니다.

중학생을 위한 역사학 수업

9

기록에서
사실을 알아내라

기록에서 사실을 알아내라

역사는 사람들이 겪은 옛날이야기라고 했죠? 그럼 우리는 그 옛날이야기를 어떻게 알 수 있을까요?

입에서 입으로 전해 내려올 수도 있습니다. 글자가 없었다면요! 하지만 인간은 글자를 만들었습니다. 그래서 글자를 통해서 기록을 남겼죠. 글자로 된 기록을 남기는 방법은 뭐가 있을까요?

책이 있습니다. 책에도 종류가 많죠. 역사책은 물론이고 신화와 전설을 기록한 책, 다른 지방이나 나라를 여행하고 쓴 여행책도 있습니다. 글로 된 기록은 책만 있는 건 아니죠. 편지도 있죠. 개인들끼리 주고받은 편지도 있고 나라끼리 주고받은 외교 문서도 있습니다. 또 일기도 있죠. 제2차 세계 대전 때 몰래 숨어서 쓴 「안네의 일기」도 훌륭한 역사 자료가 되었습니다.

먼 옛날에 일어난 일들은 기록이 많이 남아 있지 않습니다. 기록은 문자로 남기는 것이니, 어딘가 쓰여 있어야 하죠. 종이는 2세기경 중국 후한에서 발명되었습니다. 그전에는 흙으로 만든 점토판이나 대나무를 쪼개서 만든 죽간 또는 나무를 깎아서 만든 목간 같은 곳에 기록을 남겼습니다. 이집트에서는 파피루스라는 식물을 이용해서 문서를 만들었습니다. 양의 가죽을 이용한 양피지 같은 것에 기록을 남기기도 했습니다. 종이가 발명되기 전에도 이처럼 다양한 도구를 사용해서 기록을 남겼습니다. 심지어 돌을 이용하기도 했습니다. 돌로 만든 비석이나 신전의 벽면과 같은 곳에도 기록을 남겼습니다. 인간이 기록을 남기는 것은 오늘날 SNS를 사용하는 것처럼 매우 자연스러운 일이었던 것이죠.

그런데 앞서 보았던 이집트와 히타이트의 기록처럼 남겨져 있는 기록이라고 해서 그것을 진실이라고 믿을 수는 없습니다.

그래서 역사가들은 기록을 그대로 믿지 않습니다. 기록이 타당한가를 따져 봅니다. '모든 것을 의심하라'는 것이 역사학의 기본 명제입니다.

광개토왕릉비가 있습니다. 광개토왕이 승하하고 그 아들인 장수왕이 세운 것이죠. 비석의 크기가 굉장히 커서 사람들은 비석이 있다는 사실을 잘 알고 있었습니다. 하지만 세월이 흐르면서 그 비석이 왜 세워졌는지, 비석에 어떤 내용이 적혀 있는지는 잊혀졌습니다.

광개토왕릉비가 근대에 와서 새롭게 조명되었습니다. 이 비석에 매우 충격적인 내용이 적혀 있다는 것을 알게 된 것입니다. 광개토왕릉비는 압록강 너머에 있어서 우리나라에서도 보였다고 합니다. 우리나라에서는 요동에 끌려와 죽은 송나라 황제들을 기리는 비석일 거라고 추측했습니다. 북한산에 있는 진흥왕 순수비도 통일 신라 승려인 도선 국사가 세운 비석일 거라고 짐작하다가 조선 후기에 추사 김정희가 비석을 읽어 보고서야 신라 진흥왕이 세운 비석이라는 것을 알게 되었죠. 광개토왕릉비는 비석에 새겨진 독특한 서체 때문에 탁본도 많이 만들어졌지만 그 내용에 관심을 가진 사람은 없었습니다. 그런데 일본군 장교가 이 탁본을 하나 구해 일본에 가져가면서 큰 소동이 벌어졌습니다. 비석에 일본의 옛 이름인 '왜'라는 한자가 많이 적혀 있었던 것입니다.

특히 신묘년의 일을 기록한 곳을 읽어 보니 왜가 바다를 건너와서 백제와 신라를 신하로 삼았다는 내용이 있었습니다. 조선이 이미 고대에도 일본의 식민지였다고 해석될 수 있는 내용이었습니다. 광개토왕릉비의 기록은 너무 충격적이어서 어떤 학자는 일본이 기록을 몰래 고쳤다고까지 주장했습니다.

기록이 바로 사실이라고 생각하는 사람들이 있습니다. 하지만 기록은 사실이 아닐 수도 있습니다. 앞서 살펴본 강아의 묘비에는 강아가 평양성 함락에 도움을 주었다는 내용이 적혀 있습니다. 기록이죠. 하지만 그건 사실이 아닙니다.

광개토왕릉비의 기록도 마찬가지입니다. 광개토왕은 4세기 말에서 5세기 초에 활동했습니다. 이 시기에 왜는 다른 나라의 항복을 받아 낼 정도로 강한 국가가 아니었습니다. 즉, 이 비문의 기록은 사실이 아닌 것입니다.

기록은 잘 살펴보아야 합니다. 앞뒤를 살펴보면 그 기록의 진실이 선명하게 드러날 때가 있습니다. 광개토왕릉비의 기록도 그렇습니다. 신묘년 기록 앞부분에는 이런 내용이 적혀 있습니다.

백제와 신라는 원래 고구려의 속국이었다.

이 기록은 사실일까요? 이것도 사실이 아닙니다. 백제는 고구려와 치열하게 싸웠습니다. 광개토왕의 할아버지인 고국원왕은 백제 근초고왕과 싸우다가 전사했습니다. 이 사건만 보아도 백제가 고구려의 속국일 수 없습니다. 신라도 고구려의 속국이 아니었습니다.

그럼 왜 이런 말을 비문에 썼을까요? 전쟁을 하기 위해서는 명분이 필요했기 때문입니다. 전쟁은 명분이 중요합니다. 백제에 뭔가 문제가 생겨서 고구려가 나서야 한다고 말해야 했던 것이죠. 그 핑계가 바로 왜가 백제를 속국으로 삼았기 때문에 속국을 되찾기 위해 전쟁을 일으켜야 한다는 것이었습니다.

또 광개토왕 이전부터 이미 백제와 신라가 자기들의 속국이라고 해야 고구려가 옛날부터 강대국이었다고 포장할 수 있었던 것이죠. 쉽게 말해서 고구려는 옛날부터 최강자였다고 광개토왕릉비에 적어 놓은 것입니다.

만일 백제와 신라가 원래 고구려의 속국이었다는 비문의 내용

기록에서 사실을 알아내라

이 맞다면 고구려는 왜와 싸워서 백제를 돌려받아야 했을 겁니다. 그런데 그다음 구절은 이렇습니다.

왕께서 몸소 수군을 이끌고 백제를 토벌하였다.

백제는 이때 고구려에 항복합니다. 이 기록에는 왜가 등장하지 않습니다. 왜는 백제 정벌 이후에 등장합니다. 왜가 신라를 침공해서 신라가 고구려에 도움을 요청한 것입니다. 여기에서도 왜가 백제와 신라를 신하로 삼았다는 기록이 엉터리라는 것을 알 수 있습니다. 신라가 왜의 속국이라면 왜가 자신의 속국을 침략할 이유가 없으니까요.

그럼 왜가 신라를 침공했다는 기록도 거짓일까요? 그렇지는 않은 것 같습니다. 비문에 고구려의 군사 행동이 자세히 적혀 있기 때문입니다. 또 이 시기부터 신라가 고구려의 영향을 많이 받은 것이 고고학 유물에서도 나타납니다. 최근 학설에 따르면 이때 신라를 침공한 나라는 왜의 도움을 받은 백제나 가야일 것으로 봅니다. 즉 신라는 왜의 속국이 아니었으며, 신라를 침공한 왜도 백제나 가야가 동원한 왜군이었다는 겁니다. 또 광개토왕릉비에는 왜가 고구려를 침공한 일도 적혀 있는데, 이것 또한 왜를 동원한 백제의 침공을 왜가 직접 한 것처럼 기록한 것으로 봅니다.

왜 그랬을까요? 자신들이 쳐부순 적이 아주 힘세고 강했다고 이야기해야 업적이 더 빛나기 때문입니다. 왜는 슈퍼 악당이 되고 고구려는 정의의 슈퍼히어로가 되는 거죠.

기록은 중요하지만 그것만 가지고는 사실을 알아낼 수 없습니다. 기록에서 사실을 알아내는 것이 역사가들이 하는 일입니다. 이렇게 기록에서 사실을 알아내서 그것을 설명하게 되면 역사가 됩니다.

기록에서 사실을 알아내라

중학생을 위한 역사학 수업

10

역사를 재구성하라

역사를 재구성하라

과거의 일은 우리가 정확히 알 수 없습니다. 어렸을 때 쓴 일기를 다시 읽어 보면 그때 일이 다 떠오를까요? 자세히 적었다면 다행이지만, 짧은 감상만 한 줄 써 놓았다면 대체 그때 무슨 일이 있어서 이런 이야기를 적었는지 알 수 없을 겁니다.

사람들은 자신이 잘 아는 부분은 보통 생략하고 이야기하는데, 같은 시대에 같은 문화를 경험하고 있으면 쉽게 이해할 수 있지만 다른 시대, 다른 문화의 사람들은 그 의미를 정확히 알 수 없습니다. 100년쯤 지난 후에 카카오톡, 네이버 이런 이야기를 하면 무슨 말인지 알 수 있을까요? 요즘은 줄임 말을 쓰는 경우가 많아서 심지어 별다줄(별 걸 다 줄인다) 같은 말까지 있죠. 100년 후에 이런 유행어는 외계어처럼 들릴지도 모릅니다.

과거에 우리 땅에서 일어난 이야기라도 오랜 시간이 흐르면 완전히 다른 나라 이야기와 다름없습니다. 조선 시대에 한글로 쓰인 글만 해도 원문 그대로 읽기 어렵습니다. 혹시라도 타임 슬립해서 고려나 신라로 간다고 해도 과연 말이 통할지 알 수 없죠. 당장 1970년대 드라마나 영화만 보더라도 말하는 방식이 지금과 좀 다르다는 것을 알 수 있습니다.

상황이 이러하니 수백 년, 수천 년 전의 사회에 대해서 우리가 알 수 있는 것은 얼마나 될지 모릅니다. 또 새로운 자료들이 발견되면 예전에 알고 있던 지식이 바뀌기도 합니다. 과학 분야에서는 이런 일이 흔하게 일어나죠. 천동설을 믿고 있다가 지동설로 바뀌는 것처럼 말입니다. 양자 역학은 아인슈타인조차 있을 수 없는 일이라고 말했지만 오늘날에는 사실로 밝혀졌습니다. 역사학뿐만 아니라 모든 분야의 학문에서 일어나는 일입니다.

단군이 세운 고조선은 중국 상나라가 멸망할 때 도망쳐 온 기자에게 넘어갔다고 『삼국유사』와 『제왕운기』에서 모두 똑같이 이야기합니다. 또 고조선의 법률인 '팔조법금'을 만든 사람도 기자라고 전해집니다. 그런데 오늘날 우리는 기자에 대해서 잘 이야기하지 않습니다.

조선 시대까지만 해도 기자라는 성인이 동방에 와서 백성을 가르쳤다며 그 사실에 대해 큰 자부심을 갖고 있었습니다. 명나라가 멸망한 뒤에 유교의 맥을 잇는 나라는 조선밖에 없다며 조선은 스스로를 '소중화(小中華)'라고 불렀습니다. 작은 중화라는 뜻이죠. 유교가 지배하는 세계에서 기자는 당연히 떠받들어야 하는 위인이었습니다. 율곡 이이도 『기자실기』에 기자 조선의 역사를 기록한 바 있습니다.

근대에 이르러 민족 의식이 성장하자 기자가 '중국인'이라는 점이 부각되면서 기자 조선은 실제로 없었다는 연구가 나오기 시작했습니다. 최남선, 신채호 등의 역사가는 기자 조선의 실존을 인정하지 않았고 이런 흐름은 지금까지 이어지고 있습니다. 기자

역사를 재구성하라

조선을 한씨 조선, 예맥 조선 등의 이름으로 부르거나 단군의 고조선과 하나로 여기는 등 역사서에 등장한 기자의 존재를 철저히 지워 나갔던 것입니다.

기자가 상나라를 떠나서 동방으로 갔다는 기록이 있는데, 이 기록을 연구해 본 결과 기자가 조선까지 오지 않았다는 것이 지금의 역사가들이 대체적으로 동의하는 내용입니다. 고구려, 고려, 조선은 모두 기자가 단군의 조선을 이어받았고 그렇게 해서 우리나라가 계몽이 되었다고 여겼는데, 근대에 와서 이것은 후대에 만들어진 전설이라고 보게 된 것입니다.

기록상으로 보면 기자 조선은 나중에 연나라에서 온 위만이라는 사람에게 넘어가게 됩니다. 역사책에 위만은 연나라 사람이라고 적혀 있지만 우리나라에서는 위만이 고조선 사람이었을 가능성이 높다고 이야기합니다. 당시 연나라는 꽤나 넓은 고조선 영토를 빼앗았기 때문에 위만은 빼앗긴 영토에 살던 고조선 사람이었을 것이라고 합니다. 하지만 그렇게 볼 근거는 많지 않습니다. 위만을 고조선 사람으로 보는 이유는 기자를 지운 이유와 같은 맥락입니다. 중국인이 우리나라 왕이면 안 된다는 것이죠.

고대의 역사를 연구하면서 그 사람의 국적을 따져서 자존심을 세우는 것은 어리석은 일입니다. 같은 이유로 한반도에서 일본으로 건너간 사람들이 일본인들에게 선진 기술과 문화를 가르쳤다고 해서 자부심을 가질 필요도 없습니다. 또한 여진족이 세운 금나라 황실 혈통이 한반도에서 건너간 사람이라고 의기양양할 필요도 없습니다. 그렇게 따지면 고려 왕실은 당나라 황실에서 비롯되었다는 기록도 있고, 신라 왕실도 중국에서 건너왔다는 기록이 있으니까요.

기자를 역사책에서 아예 지울 것이 아니라 기자 전설이 왜 생겨났고 과거 우리나라 사람들에게 어떻게 받아들여졌는지를 담담하게 살펴볼 때입니다. 한번 새롭게 역사를 재구성해 보는 것이죠.

『역사란 무엇인가』를 쓴 E. H. 카는 "역사는 과거와 현재의 대화"라고 말했습니다. 역사는 현재의 관점에서 다시 쓰여진다는 뜻입니다. 이렇게 역사가들이 역사를 지금의 관점에 따라서 쓰는 것을 '역사의 조직화', '역사의 재구성'이라고 부릅니다.

역사가는 과거의 사실이 과거에 어떤 의미였는지를 이해하고자 합니다. 그런 다음 그 사실들을 배치합니다. 바로 이런 것이 역사학이 하는 일입니다.

중학생을 위한 역사학 수업

11

사료를 꼼꼼하게 검토하고 또 검토하라

역사가는 기록을 가지고 현재의 관점으로 역사를 재구성한다고 했습니다. 그런데 기록이 잘못된 것이라면 어떡하죠?

추리 소설을 생각해 보죠. 추리 소설에는 탐정을 헷갈리게 만드는 여러 가지 함정이 있습니다. 명탐정은 이런 함정을 한눈에 간파하죠.

역사에서도 실수로 잘못된 기록을 남긴 경우가 있습니다. 옛날 역사책들은 지금처럼 인쇄해서 만드는 것이 아니기 때문에 글자를 잘못 베껴 쓰기도 하죠. 핸드폰으로 문자를 보내다가 선생님을 선생놈으로 잘못 적어 곤란한 상황과 비슷한 경우이지요.

그런데 잘못 베낀 것인지 어떻게 알 수 있을까요? 그것은 역사책 자체를 연구하는 일을 통해서 알아냅니다. 이런 연구를 '서지학'이라고 합니다. 역사학의 기본인 '사료 비판'의 한가지입니다. 여기서 '사료'라는 말은 무엇을 뜻하는 것일까요?

역사가가 사실을 구성하기 위해서 선택한 것을 '사료'라고 부릅니다. '역사의 재료'를 줄여서 부른 말이지요.

일반적으로 기록을 가리키지만 넓게는 유물, 그림, 사진, 조각, 건축물도 사료에 포함됩니다. 입에서 입으로 전해지는 구술 사료도 있습니다. 민담이나 전설, 무당들이 부르는 무가, 민요, 판소리

사료를 꼼꼼하게 검토하고 또 검토하라

같은 것에서도 사료를 찾을 수 있습니다.

하지만 역사학의 주된 사료는 문자로 된 사료입니다. 이 사료를 역사가는 1차, 2차 사료로 구분해 말합니다. 어떤 사건이 벌어졌을 때 그것을 목격한 사람이 남긴 기록 같은 것을 '1차 사료', 사건에 대해서 전해 듣거나 그 일을 조사해서 후대의 사람이 남긴 기록을 '2차 사료'라고 합니다.

이런 사료가 진짜인지 가짜인지 연구하는 것을 '사료 비판'이라고 합니다.

신라 시대 역사가 적혀 있는 책이 발견되었다고 가정해 보죠. 지금까지 모르고 있던 새로운 책이 나타났다면 제일 먼저 해야 할 일은 사료 비판입니다. 사료 비판을 해 보면 그 책이 정말 신라 시대 책인지, 누군가가 가짜로 만든 책인지 알 수 있습니다.

사료 비판을 통과하지 못하는 책은 역사 자료로 사용할 수 없습니다. 『환단고기』 같은 가짜 역사책을 고대 역사 연구에 사용할 수 없는 이유죠. 『환단고기』에 나오는 위대한 나라 환국은 글자를 잘못 읽어서 탄생했습니다.

단군 신화를 전하는 『삼국유사』에 이런 구절이 있습니다.

옛날에 환인(제석이라 일컫는다)이 있었다.

괄호 안 내용은 『삼국유사』를 쓴 일연 스님이 해석을 붙인 것입니다. '제석'은 '제석천'의 줄임 말로 불교의 신 이름 중 하나입니다. 일연 스님은 불교의 사제이기 때문에 '환인'이라는 존재를 불교에서 말하는 신으로 풀어서 설명하고자 한 것입니다.

일연 스님은 『삼국유사』에서 환인을 한자로 桓因이라고 썼습니다. 당시에는 한글이 없었기 때문에 당연히 한자로 표기해야 했지요. 그런데 인(因)이라는 글자는 불경에서 사용하는 글자로 일반 사람들이 잘 쓰지 않는 한자였습니다. 그래서 나중에 『삼국유사』를 본 사람들은 '이건 무슨 글자야?'라고 생각하며 인(因)을 인(国)으로 바꿔 적었습니다. 土에 획을 하나 더 그어서 王으로 바꾼 거죠. 그런데 이 글자(国)는 나라 국(國)의 '이체자'이기도 합니다.

일반적으로 알려진 글자 말고 다른 모양의 글자를 '이체자'라고 합니다. 옛날 중국에서는 지방마다 다른 모양의 글자를 사용했습니다. 진시황이 중국을 통일한 뒤에 한자 모양을 통일하려고 했죠. 그 후로 많은 시간이 지나고 나서야 우리가 아는 한자 모양으로 정착되었습니다. 중국에 공산 정권이 들어선 뒤에도 한자를 고쳐서 오늘날 우리가 쓰는 한자 모양은 예전과 많이 달라졌죠.

사료를 꼼꼼하게 검토하고 또 검토하라

이처럼 한자는 시대에 따라서 여러 모양을 가집니다.

이렇게 환인(桓团)으로 쓰인 『삼국유사』는 조선 중기 때 등장해서 널리 보급되었습니다. 그러자 『삼국유사』를 읽은 사람들 중에 환인(桓团)을 환국(桓國)으로 읽는 사람들이 생겼습니다. 사람 이름이 나라 이름으로 바뀌어 버린 것입니다. 글자 하나를 잘못 써서 이런 일이 생겼다니 정말 황당하죠?

잘못 읽은 글자 때문에 결국은 있지도 않은 나라인 환국의 역사를 기록한 가짜 역사책까지 등장하게 되었습니다. 그 가짜 역사책이 바로 『환단고기』입니다.

처음에 团이라고 썼고 나중에 国으로 바뀐 것을 역사가들은 전해 오는 『삼국유사』를 하나하나 검토해서 밝혀냈습니다. 이런 작업이 바로 서지학이고 사료 비판입니다.

이렇게 책이라는 실물을 가지고 하는 사료 비판을 '외적 비판'이라고 합니다. 외적 비판에서는 책들을 서로 비교하면서 달라진 부분이 무엇인지 판단하고 누가, 언제 해당 사료를 만들었는지 확인하는 작업을 합니다.

'내적 비판'도 있습니다. 내적 비판에서는 사료 안의 내용을 검토

합니다. 조선 시대 나온 책이라면 조선 시대 용어들로 쓰여 있어야 하는데 과연 그런지 분석하고, 사료를 얼마나 신뢰할 수 있는지, 작성자가 편견을 가지고 썼는지 등을 연구합니다. 역사가는 정말 꼼꼼하게 사료를 검토하고 또 검토하는 사람입니다.

가짜 사료도
연구하라

누군가 기록을 남겨 놓지 않으면 무슨 일이 일어났는지 알 수 없습니다. 어떤 일을 잊어버리면 그 일은 영원히 사라지는 것입니다.

남아메리카에 위치한 페루 중남부 안데스산맥에는 마추픽추가 있습니다. 엄청난 규모의 고대 도시 유적인데, 이 도시에 관한 문자 기록은 아무것도 남아 있지 않습니다. 그래서 마추픽추에서 누가, 왜, 어떻게, 어떤 역사를 살아갔는지 우리는 알 수 없습니다. 문자 사료가 없으면 역사도 없는 것입니다. 다만 유적과 유물을 통해서 우리는 사람들의 흔적을 읽어 낼 수 있습니다. 이것은 역사학이 아니라 고고학의 영역입니다. 역사학과 고고학은 서로 협조하며 역사를 탐구합니다.

앞서 1차 사료와 2차 사료에 대해 이야기했습니다. 『조선왕조실록』은 1차 사료일까요, 2차 사료일까요? 『조선왕조실록』은 임금님이 세상을 떠난 뒤에 실록청이라는 관청이 세워져서 그곳에서 편찬했습니다. 당대의 기록이 아니라 후대에 작성된 기록인 거죠. 그렇다면 2차 사료일까요? 그런데 실록에는 임금님이 살아 있을 때 올린 상소문이나 임금님의 명령 등이 다 기록되어 있습니다. 이런 것들은 1차 사료에 속하죠.

『삼국사기』는 고려 때 편찬한 역사책입니다. 삼국이 멸망하고 몇 백 년이나 지나서 만들어졌죠. 하지만 이 책에도 당시에 작성된 여러 글들이 실려 있습니다. 이렇게 역사책에는 1차 사료와 2차 사료가 섞여 있습니다.

아무런 정리가 되지 않은 1차 사료는 무슨 뜻인지 알기 힘들 때가 많습니다. 게다가 1차 사료든 2차 사료든 진실을 이야기한다는 보장은 없습니다.

쉬운 예를 들어 봅시다. 1592년에 조선을 침공한 일본군의 수는 얼마나 될까요? 사실 조선을 침공한 일본군의 수는 매우 구체적으로 알려져 있습니다. 도요토미 히데요시가 동원한 총 병력은 28만 6000명이고, 실제 조선으로 들어온 병력은 15만 8700명입니다.

그런데 정약용은 이런 말을 했습니다.

도요토미 히데요시가 백만 대군을 동원하고 10주의 재력을 다 기울여 두 번이나 큰 전쟁을 일으켰지만 화살 한 개도 돌아가지 못했음은 물론 정권도 따라서 망했다.

정약용 같은 대학자가 한 말이니 백만 대군을 동원했다는 말은 사실일까요? 정약용은 많은 군대가 왔다는 뜻으로 과장하여 말한 것입니다. 또 이 말은 임진왜란이 끝나고 200년쯤 뒤에 정약용이 한 말이죠. 정약용의 말은 2차 사료가 되는 셈입니다.

비슷한 예를 최치원의 말에서도 찾을 수 있습니다.

고구려, 백제가 강성할 때는 강병 백만을 거느리고 남으로 오나라, 월나라를 침범하고 북으로는 유, 연, 제, 노나라를 흔들어 중국의 큰 좀이 되었습니다.

고구려나 백제가 백만 대군을 거느렸다는 것도 과장법으로 보아야겠지요. 최치원 역시 고구려가 멸망하고 200년쯤 뒤의 사람이니까, 이것 또한 2차 사료에 속합니다.

우리나라 유사역사가들은 최치원의 말을 근거로 백만 대군이 실제로 있었다고 주장합니다. 한반도의 작은 국가로는 백만 대군을 부릴 수 없으므로 고구려와 백제는 중국 땅에 있던 나라라고 말하기까지 합니다.

사료는 단순히 적혀 있다고 믿는 것이 아니라 그 기록이 사실일 가능성이 얼마나 되는지 따져 보고 판단해야 합니다.

세계 역사에 큰 영향을 미친 「시온 장로들의 프로토콜」이라는 문서가 있습니다. 흔히 「유대인 의정서」 또는 「시온 의정서」라는

가짜 사료도 연구하라

이름으로 알려져 있습니다. 1903년 제정 러시아에서 튀어나온 이 문서는 이후 여러 가지 형태로 변형되었지만 주된 내용은 한 가지입니다. 유대인 장로들이 세계를 지배하기 위해 음모를 꾸미는 것이 이 책에 다 적혀 있다는 것이지요. 물론 거짓말입니다.

하지만 이 문서의 파급력은 어마어마했죠. 이 문서가 거짓말이라는 것은 금방 밝혀졌지만, 거짓말이라는 주장 자체가 유대인들의 은폐 시도라고 반박되어졌습니다. 유대인들이 엄청난 영향력으로 은폐하려고 했다는 선전 선동이 뒤따랐습니다. 마치 『환단고기』가 거짓이라는 증거를 보여 주어도 진실을 감추기 위해서 한국 역사학계가 거짓이라고 말한다는 주장과 비슷합니다.

세계적인 작가 움베르토 에코는 『프라하의 묘지』라는 소설에서 「시온 장로들의 프로토콜」을 쓴 가상의 인물들을 내세워 가짜 자료를 왜 만들어 내는지 잘 보여 줬습니다. 나치의 히틀러는 「시온 장로들의 프로토콜」을 이용해서 유대인 혐오를 부추겼습니다. 이 혐오는 결국 인류 역사상 가장 끔찍하고 조직적인 유대인 대학살을 일으켰습니다.

「시온 장로들의 프로토콜」 같은 가짜 문서도 사료가 될 수 있을까요? 될 수 있습니다. 이 문서가 등장한 후에 어떤 일들이 벌어졌는지를 연구하는 데 사료로 이용할 수 있습니다. 『환단고기』를 고대사 연구에 이용할 수는 없지만 이 책이 등장한 후 우리 사회에 어떤 영향을 미쳤는가를 연구하는 데는 이용할 수 있습니다.

가짜 뉴스, 가짜 명품 같은 것이 문제가 되는 것은 그것이 가짜인지 모르는 사람들 때문입니다. 가짜 사료도 마찬가지죠. 그것이 가짜라는 것만 분명히 알고 있으면 가짜에 속는 사람들을 관찰할 수 있습니다. 왜 그런 가짜가 사람들에게 통했는지를 파악하는 것은 역사가가 할 일 중 하나이죠.

속는 사람들이 멍청하거나 바보여서 가짜에 속는 게 아닙니다. 아주 똑똑한 전문가들도 속아 넘어가는 경우가 허다합니다.

뻔한 거짓말에 속는 이유는 그 사람의 간절한 부분을 건드리기 때문입니다. 열등감을 가질수록 가짜 역사에 속아 넘어가기 쉽습니다. 가짜 역사가 주는 과장된 영광에 감동을 받기 때문입니다. 이렇게 받은 감동은 논리적인 설명으로 깨뜨리기가 쉽지 않습니다. 역사학을 공부하면 사료 비판을 할 수 있게 되고 이런 가짜 감동에 빠지는 것을 막을 수 있습니다.

가짜 사료도 연구하라

역사를 해석하는 다양한 사관을 공부하라

역사를 해석하는 다양한 사관을 공부하라

이번에는 역사가가 가지는 현재의 관점이라는 게 무엇인지 알아봅시다.

역사가들이 역사를 바라보고 해석하는 관점을 사관 혹은 역사관이라고 부릅니다.

역사는 하느님의 섭리로 움직이는 것이라고 생각했던 시절이 있습니다. 하느님이 기독교의 신이라면 기독교적 역사관이라고 부를 수 있습니다. 기독교적 역사관에서는 최후의 심판으로 인간의 역사가 끝난다고 생각합니다. 로마 제국이 기독교를 받아들인 후에 기독교적 역사관은 오랫동안 유럽을 지배했습니다. 인간의 역사에는 신의 섭리가 작용하고 있으며 사람들이 고통 받는 것 역시 신의 뜻으로 합리화되었습니다.

유럽에서 새로운 역사관은 18세기에 이르러서야 등장합니다. 18세기 독일의 철학자들은 역사는 인간의 정신이 주도해 온 것으로, 인간의 정신이 추구하는 것은 자유라는 관점을 가졌습니다. 독일의 철학자 헤겔은 "세계란 자유의 의식에 있어서의 진보이다."라는 유명한 말을 했습니다. 이런 관점으로 우리나라의 역사도 설명할 수 있습니다. 고대 왕국에서는 왕만 자유를 누렸습니다. 고려 시대에는 소수의 귀족들이 자유를 누렸고, 조선 시대에는 고려 시대보다 더 많은 수의 양반들이 자유를 누렸으며, 오늘날에는 모든 사람이 자유를 누리고 있다고 설명하는 것입니다.

독일의 철학자이자 혁명가였던 마르크스는 역사를 움직이는 원동력은 정신이라는 형이상학적 개념이 아니라 물질이라고 생각했습니다. 마르크스가 살던 시대는 자본주의가 한참 발전하고 있던 때였습니다. 마르크스는 사회의 생산력과 역사가 관련이 있다고 생각했습니다. 생산을 위해서 사람들이 어떤 관계를 맺고 있는가를 살펴보고 세계사를 노예가 생산을 담당하는 시대, 농노가 생산을 담당하는 시대, 노동자가 생산을 담당하는 시대로 각각 구분했습니다. 생산력과 생산 관계라는 경제적인 관점을 가지고 역사를 파악한 것입니다. 이런 역사관을 마르크스 역사관, 유물 사관, 경제 사관 등으로 부릅니다.

역사가는 역사를 있는 그대로 이야기해야 한다는 사람들도 있습니다. 사료를 열심히 수집하면 역사는 스스로 자기 이야기를 한다고 믿는 것이죠. 이런 역사관을 실증주의적 역사관, 실증 사관이라고 부릅니다. 이 사관이 만들어지는 데 가장 큰 기여를 한 사람은 '근대 역사학의 아버지'라고 불리는 독일의 역사가 랑케입니다. 랑케는 객관적으로 역사를 써야 한다고 주장했습니다. 랑케는 헤겔이 말한 것처럼 역사가 계속 진보한다는 것을 믿지 않았습니다. 랑케는 인류가 발전해 온 것은 사실이지만 각각의 사회와 시대에 따라 그 형태는 다 다른 것이라며 '역사란 사실을 과거에 있었던 그대로 재생하는 것'이라고 말했습니다.

그러나 이런 실증주의 역사관은 후대에 크게 비판을 받게 됩니다. 역사학에서 아주 유명한 책인 E. H. 카의 『역사란 무엇인가』에서 이 부분을 잘 다루고 있습니다. E. H. 카는 실증주의적 역사 연구를 가위와 풀의 역사라고 말합니다. 결국 실증주의 역사관에서 말하는 사료 역시 역사가가 선택해서 가위로 잘라 풀로 붙인 것이라는 뜻이지요. 즉 사료 선택을 할 때 이미 역사가의 의도가 반영되어 있다는 겁니다. E. H. 카는 선택하지 않고 역사를 설명하는 것은 불가능하다고 이야기합니다. 오늘날 인터넷에 넘쳐흐르는 어마어마한 양의 자료를 가지고 역사를 설명해야 한다고 생각해 보면 E. H. 카의 말을 쉽게 이해할 수 있습니다. 결국 역사는 역사가가 자신이 선택한 자료를 가지고 과거에 어떤 일이 있었는지를 설명하는 것이라며 "역사는 과거와 현재의 대화"라는 게 E. H. 카의 설명입니다. 과거의 일을 현재의 관점에서 설명하고 있다는 것이죠.

그런데 이 말은 역사가가 자신의 사관에 맞춰서 자신에게 유리한 증거만 선택할 수도 있다는 뜻으로 해석되기도 합니다. 어떤 사관을 기계적으로 적용하면 이런 함정에 빠질 수 있죠. 그러자 결국 역사란 역사가가 입맛대로 설명하는 소설에 불과한 것이 아니냐며 역사의 진실은 결코 파악할 수 없다는 역사 무용론까지 등장했습니다.

하지만 역사는 역사가들의 상상에 의해서 만들어지는 허구의 산물이 아닙니다.

없었던 일을 있었다고 말하면 그건 거짓말이고 사기입니다. 있었던 일의 의미를 설명하는 것은 역사가의 해석입니다. 우리는 역사가가 자신의 입장을 가지고, 즉 사관을 가지고 사건을 설명하고 있다는 것을 이해하고 어떻게 과거를 재현해 주는지 살펴보아야 합니다.

역사가는 최대한 객관성을 가지고 공정하게 과거의 사실을 추적하고 증거를 제시한 뒤에 해석해야 합니다. 실증주의적 역사관은 역사가의 기본이고 그 위에 해석이라는 사관을 쌓아 올려야 하는 것이죠.

역사를 민족의 관점에서 보는 것을 민족주의 사관이라고 합니다. 특히 우리나라에서 민족주의 사관은 큰 의미를 가집니다. 일제에 의해서 식민지가 되었기 때문에 당시 역사가들은 국가 중심이 아니라 민족을 주체로 놓고 역사를 서술하는 방법을 선택했습니다. 신채호나 박은식과 같은 역사가가 대표적입니다.

역사를 해석하는 다양한 사관을 공부하라

일제가 한민족을 얕잡아 보고 비웃으면서 만든 역사관이 식민 사관입니다. 한민족은 스스로 역사를 개척하지 못한다는 것이 식민 사관입니다. 독립운동을 해야 했던 당시에는 민족의 주체성을 강조하는 민족주의 사관이 필요했습니다. 하지만 독립을 하고 선진국으로 발돋움한 오늘날에는 더 이상 민족주의 사관을 따를 필요가 없어졌습니다. 우리는 식민지 시대와는 전혀 다른 시대를 살고 있기 때문입니다. 과거에 있었던 민족주의 관점이 잘못되었다는 건 아닙니다. 과거는 더 이상 현재가 아닐 뿐이죠.

역사는 다양한 해석이 가능합니다. 역사 교과서에 실려 있는 한 문장에는 많은 역사가들의 다양한 설명이 숨어 있습니다. 그 다양한 설명 중에서 역사가들이 가장 많이 지지하는 설명이 교과서에 실린 것인데, 그것 또한 영원히 맞다는 보장은 없습니다.

이런 이유로 역사학은 단 한 가지만이 진실이고 진리라고 주장하지 않습니다.

역사 교과서를 국정 교과서로 단일화하려는 움직임이 있었습니다. 역사가들은 단 한 가지 해석만 가르치려는 국정 교과서를 반대했습니다.

역사의 해석이 다양하고 자유롭다면 고대 한민족이 아시아를 지배했다는 주장 역시 하나의 사관이니까 받아들여야 한다고 말할 수도 있습니다. 하지만 이런 주장은 맞지 않습니다. 그 주장의 근거가 되는 사료가 후대에 날조된 엉터리이기 때문입니다. 유사역사학이 역사학이 아닌 이유가 바로 여기에 있습니다.

역사학은 역사가의 해석이지만 그 해석의 자료는 역사적 사실에 기초한 사료여야 합니다. 역사를 해석하는 관점인 사관은 이 책에서 언급한 것 이외에도 더 많습니다. '역사학의 역사'를 공부하면 다양한 사관들에 대해서 알 수 있습니다.

역사를 해석하는 다양한 사관을 공부하라

역사는 사실을 통해 교훈을 준다는 걸 기억하라

역사는 사실을 통해 교훈을 준다는 걸 기억하라

역사 공부를 처음 하는 사람들이 흔히 빠지는 함정이 있습니다. 악당은 늘 성공하는 것 같고, 선한 사람들은 역경을 겪다가 결국 불운한 처지로 인생을 마감한다는 우울한 생각에 사로잡히죠. 그러면 대체 역사가 무슨 의미가 있나 하는 생각도 하게 됩니다.

『사기』를 쓴 사마천도 동일한 의문을 가졌습니다. 중국사에는 '정사'라고 꼽히는 여러 역사책이 있는데 사마천이 쓴 『사기』는 그중 첫 번째를 차지하는 책이죠. 『사기』는 후대에 본보기가 되는 모범적인 역사책입니다. 절의의 상징인 백이와 숙제는 수양산에서 굶어 죽었고, 공자의 가장 뛰어난 제자로 꼽히는 안회 역시 죽 한 그릇도 제대로 못 먹다가 굶어 죽었지만 악랄한 도적인 도척은 천수를 누리고 죽었다는 사실에 사마천은 대체 '하늘의 도'는 어디에 있는지 한탄합니다.

'하늘의 도'는 역사학이 추구하는 게 아닙니다. 하지만 사람들은 '역사의 심판'과 같은 말에 혹해서 하늘의 도가 현실 속에서 실현되기를 바랍니다. 이러한 바람이 계속 무산되면 때론 악당이 득세하는 것이 세상의 이치라는 잘못된 생각에 빠지고 맙니다.

사마천은 현명한 사람답게 이 문제에 대해 이렇게 대답했지요.

백이와 숙제가 비록 현인이기는 하였지만 공자의 찬양을 얻고 나서부터 그들의 명성이 더욱더 두드러지게 나타났고, 안회가 비록 학문에 독실하기는 하였지만 천리마의 꼬리에 붙어져(공자의 덕행에 힘입어) 그의 덕행이 더욱더 뚜렷해졌다.

사마천은 공자를 이상적인 역사가로 생각했습니다. 공자는 어지러운 춘추 시대에 태어나 자신의 이상을 펼치기 위해 여러 군주들을 만났습니다. 하지만 결국 자신의 뜻을 펼 수 없었습니다. 그래서 자신의 뜻을 담은 역사책 『춘추』를 지었습니다. 사마천은 이렇게 설명합니다.

공자는 자신의 말이 받아들여지지 않고 도가 행해지지 않을 것을 알고 242년 동안 일어난 역사 사건의 시시비비를 가려 천하의 의로운 표시로 삼았습니다. 천자를 비판하고 제후의 허물을 밝히고 대부를 성토함으로써 참된 군주의 일을 드러내고자 했습니다.
공자는 자신의 의견을 추상적인 말로 나타내는 것보다 사건을 통해서 나타내는 것이 더 절실하고 명백해진다고 말했습니다.

효도하고 착하게 살아야 한다고 말하는 것보다 효도하고 착하

역사는 사실을 통해 교훈을 준다는 걸 기억하라

게 산 사람이 복 받는 이야기를 해 주는 것이 사람들을 더 잘 이해시킬 수 있다는 말입니다. 이처럼 이야기는 큰 힘을 가지고 있습니다.

사마천은 한나라 무제 때 신하였습니다. 무제는 사실 좋은 임금님은 아니었습니다. 늘 전쟁을 해서 백성들을 힘들게 했죠. 나중에 사마천은 무제가 잘못한 일에 대해 직언했다가 사형을 선고 받았습니다. 이때 살아날 방법은 돈을 내거나 내시가 되는 것뿐이었습니다. 사마천은 재산이 없어서 돈을 낼 수 없었습니다. 그렇다고 내시가 되는 것은 너무나 치욕스러운 일이었지요. 보통 내시가 되느니 차라리 죽는 길을 택하는 것이 일반적이었습니다.

하지만 사마천은 『사기』를 쓰기 위해 내시가 되는 길을 선택했습니다. 사마천은 자신의 뜻을 펼치지 못한 공자도 분해서 『춘추』를 지었다며 자신의 분하고 억울한 심정을 『사기』에 토로했습니다. 그리고 자신과 같이 고통 받은 사람들의 이야기를 『사기』에 기록해 '역사의 심판대' 위에 올렸습니다.

사마천은 『사기』를 쓴 이유를 이렇게 이야기합니다.

고통을 감내하고 구차하게 살며 더러운 치욕 속에 있으면서도 마다하지 않는 까닭은 제 마음속에 다 드러내지 못한 바가 있어, 비루하게 세상에서 사라져 버릴 경우 후세에 아름다운 글들이 드러나지 않을 것을 한스럽게 여겨서입니다.

사마천은 다른 역사책에서 다루지 않았던 자객과 협객 이야기를 『사기』에 적어 놓았습니다. 누구도 주목하지 않았던 하층민의 이야기까지 사마천은 기록했습니다. 사마천이 기록했기 때문에 이들의 이야기는 오늘날까지 잘 알려졌고 영화나 드라마로 만들어지고 있습니다.

사마천은 많은 기록을 모으고 그것을 해석하는 일을 했습니다. '아름다운 글'을 후세에 남겨야만 했습니다. 공자가 백이와 숙제의 아름다운 행적을 후대에 전한 것처럼 자신이 모으고 해석한 이야기가 후대 사람들에게 교훈을 주길 바랐던 것입니다.

사건을 통해 주제를 일깨우는 것, 이것이야말로 인류가 온갖 방법을 통해서 행해 온 것입니다. 역사, 연극, 소설, 영화, 노래가 다 이러합니다. 역사는 '사실'을 통해서 이야기한다는 점이 다를 뿐입니다. 역사는 '사실'이라는 냉정하고 무서운 장치를 통해 우리를 일깨우고자 합니다.

역사의 재미에
푹 빠져라

역사는 교훈을 줍니다.

원래 과거를 잊지 않기 위해 역사를 공부하기 시작했습니다. 과거를 잊어서는 안 되는 이유도 과거의 일로부터 교훈을 얻을 수 있기 때문입니다. 역사로부터 어떤 교훈을 얻을 수 있을까요? 중국 당나라의 역사가 유지기는 이런 말을 했습니다.

세상에 역사책이 없고 기록을 남기는 사관(역사 기록을 담당한 관리)이 없다면 성인과 폭군, 현명한 신하와 역적, 청백리와 도적, 도덕군자와 살인범 모두 그저 죽어서 흙이 될 뿐이다. 그들의 무덤이 채 마르지도 않았을 때 죽은 사람이 선한지, 악한지, 아름다운지, 추악한지 아무도 모르게 될 것이다. 하지만 사관이 있어 역사책에 길이 남는다면 죽은 이가 행한 일은 별처럼 빛나게 될 것이다. 역사책에서 현명한 이를 보면 본받고자 하고 바보 같은 사람을 보면 스스로 되돌아보게 될 것이다.

유지기는 기록이 있어야 하는 이유를 분명하게 설명하고 있습니다. 다양한 사람들의 기록을 남겨서 후세의 사람들이 참고할 수 있어야 한다는 것이죠.

역사의 재미에 푹 빠져라

역사를 공부해서 얻을 수 있는 최대의 교훈은 인간에 대해 이해하게 된다는 것입니다. 역사는 사람들의 행위를 연구하는 것입니다. 엄청나게 다양한 사건이 역사에 있습니다. 그때 인간들은 어떤 욕망을 가지고 결정을 내렸는가를 역사 연구를 통해 알 수 있습니다. 역사는 바로 우리 인간에 대해서 공부하는 학문입니다.

역사학은 사람들에게 여러 가지 지적 능력을 키워 줍니다.

역사학을 공부함으로써 합리적인 비판 능력을 키울 수 있습니다. 어떤 일이 왜 발생했는지 따지다 보면 현대 사회에서 벌어지고 있는 일에 대해서도 그 원인을 찾을 수 있게 됩니다.

역사학을 공부하면 세계와 지리에 대해 잘 알 수 있습니다. 역사는 인간이 사는 세상에서 일어난 일이기 때문에 지도와 떼려야 뗄 수 없습니다. 과거에 일어난 전쟁에 대해 알아볼 때 지도책에서 어떤 나라가 어느 지방에서 싸웠는지 확인하게 됩니다. 그러다 보면 자연스럽게 세계와 지리에 대해 잘 알게 됩니다.

역사학은 통찰력을 높여 줍니다. 역사 속에서 일어난 사건은 여러 일들이 연관되어 있지요. 제1차 세계 대전이 사라예보에서 오스트리아 황태자가 총에 맞았다는 이유만으로 시작된 것은 아닙니다. 그 이전에 유럽 각국들 사이에 벌어진 일들과 그로 인한 불신이 층층이 쌓여 있었죠.

역사학은 꼼꼼함과 부지런함을 길러 줍니다. 필요한 사료를 찾아내는 일은 지루할 정도로 오래 걸립니다. 수없이 많은 자료들을 수집하고 분류해야 합니다. 꼼꼼하고 부지런하지 못하면 할 수 없는 일입니다.

그런데 오늘날에는 역사책 말고도 읽을거리가 많고 역사책이 주는 교훈도 자기 계발서 같은 책에서 얻을 수 있죠. 대체 케케묵은 옛날이야기가 무슨 소용이 있을까요?

흔히 사람들은 이익을 얻기 위해 행동한다고 생각합니다. 과연 그럴까요? 사실 사람들이 제일 즐거워하는 것은 빈둥대는 것입니다. 노는 게 제일 좋죠. 그래서 부모님들은 놀지 말고 공부하라고 그렇게 야단을 칩니다. 하지만 인간은 원래 노는 생명체입니다. 놀면 뇌는 자극을 받고 행복해집니다. 노는 게 어떤 이익이 있냐고 물으면 과학자 리처드 파인만이 과학에 대해서 언급한 내용으로 답하고 싶습니다. 과학을 역사로 바꿔 읽어도 괜찮을 것 같습니다.

과학의 또 다른 가치는 지적 유희라고 불리는 것입니다. 사람들이 과학에 대해 읽고 배우고 생각하면서 얻는 재미,

소수의 사람들이 과학 연구를 하면서 얻는 재미가 바로 그것입니다.

멀리서 폭발하는 퀘이사를 발견한다는 건 또 무슨 쓸모가 있겠습니까? 대체 천문학이라는 게 무슨 쓸모가 있을까요? 전혀 쓸모가 없습니다. 하지만 그것은 재미있습니다. 그것은 제가 추구하는 세계 탐구와 같은 종류의 탐구이며, 제가 가진 호기심과 같은 종류의 호기심입니다. 인간의 호기심이 필요한 것이라고 말한다면, 그런 의미에서 호기심을 만족시키려는 시도도 실용적이라고 할 수 있습니다.

- 『발견하는 즐거움』 중에서

프랑스의 역사가 마르크 블로크도 이렇게 말했습니다.

우리는 경험을 통해 겉보기에는 일상생활과 전혀 관계없는 사고가 어느 날에는 일상생활에 도움을 줄 수 있는 놀라운 것으로 밝혀질 수도 있다. 지적 굶주림을 달래도록 노력하는 권리를 부정하는 것은 신체 일부를 절단하는 것이나 마찬가지다.

- 『역사를 위한 변명』 중에서

전혀 쓸모없을 것 같은 일이 영원히 쓸모없을지는 아무도 모릅니다.

고대에는 역사학을 제왕의 학문이라고 여겼습니다. 역사가 나라를 통치하는 비결을 담고 있다고 생각했죠. 그래서 일반인들은 역사를 알 필요가 없다고 말하기도 했습니다.

하지만 그것은 잘못된 생각이었죠. 사람들은 누구나 역사에서 재미를 느낍니다. 역사의 멋진 장면에 감탄하고, 바보 같은 짓에 웃음 짓고, 안타까운 희생에 슬퍼하고, 돌이킬 수 없는 잘못에 분노합니다.

마르크 블로크는 "도대체 역사란 무엇에 쓰는 건지 설명해 주세요."라는 아들의 질문에 이렇게 대답합니다.

"역사는 사람에게 위안을 준단다. 역사는 언제나 나를 즐겁게 해 주었지. 역사는 다른 어떤 학문과도 비교할 수 없는 고유한 아름다움을 즐거움으로 가지고 있단다. 그것은 역사에서 특별히 다루는 사람들의 행동이 우리의 상상력을 사로잡기 때문이야."

나오는 글 :
역사를 공부하는 이유

어떤 사람들은 과거에 어떤 일이 일어났는지 영영 알 수 없고, 역사란 역사가들이 자기 마음대로 재단해서 만들어 낸 이야기에 불과하다고 말하기도 합니다.

역사에 역사가의 상상이 들어 있는 것은 사실입니다. 하지만 창작자들의 상상처럼 자유롭진 않습니다. 역사가들은 끊임없이 실제로 무슨 일이 일어났는지를 연구합니다. 영영 모를 일도 있을 것입니다. 하지만 우리는 그런 노력을 통해서 점점 더 실제로 있었던 일들에 다가갈 수 있습니다.

역사는 인간과 인간이 만든 세계에 대한 연구입니다. 우리는 우리 자신을 알기 위해 역사를 들여다보는 것입니다. 그때 조금은 떨어져서 관찰하는 자세가 필요합니다. 그래야 객관적으로 자신을 돌아볼 수 있으니까요. 세상에 객관적이라는 게 있냐며 냉소적인 시선을 보내는 사람도 있습니다. 언제나 사람은 주관적으로 판단하고, 주관적인 판단하에 기록하고, 그 기록을 읽는 사람도 주관적이기 때문에 완전히 객관적인 것은 없다고 합니다.

하지만 자신이 완전히 객관적일 수 없다는 것을 알면 더욱 객관적이 될 수 있습니다. 의심하고 또 의심하는 것이죠. 한 가지 사례만 가지고 주장하지 않고 비슷한 사례들을 찾아내는 일을 하는 것이 역사학의 기본 자세입니다.

역사학은 과거의 사건을 분석합니다. 혼란스럽고 의미 없어 보이는 사건들의 인과 관계를 밝히고 질서를 부여하죠. 이를 통해 합리적으로 사고하는 방법을 훈련할 수 있습니다. 반대로 말하면 합리적으로 사고하는 훈련을 하면 역사학을 공부하기가 쉬워집니다.

역사를 연구한다는 것은 일어난 사건들만 공부하는 것이 아닙니다. 그 사건이 일어난 시공간의 문화에 대해서도 이해해야 합니다. 조선 시대에 장례 의상을 몇 년 동안 입어야 하는지에 관한 문제로 왜 사람들이 죽고 죽이는 싸움을 했는지를 이해하려면 유교 문화에 대해서 공부해야 합니다. 옳고 그르다는 가치 평가를 하기 전에 왜 그런 일이 생겼는지를 알아야 하는 것이죠.

조선과 청나라가 싸웠던 병자호란이 왜 일어났는지 이해하려면 역시 당시 조선의 문화를 알아야 합니다. 또 조선이 청의 요구를 순순히 들어줬다면 전쟁이 일어나지 않았을까를 살펴보려면 당시 청나라 상황에 대해서 알아야 합니다. 최근에 청나라군이 조선에서 물러난 이유는 천연두에 대한 공포 때문이었다는 연구가 나왔습니다. 전염병의 역사에 대해 연구하면서 밝혀지게 된 새로운 사실이죠. 이렇게 역사학은 다른 학문의 연구 결과도 알아야 합니다. 16세기 말에서 19세기 중반에 이르는 소빙하 시대가 인간의 역사에 어떤 영향을 미쳤는지 알아야 더욱 풍부하게 역사를 해석하고 재구성할 수 있습니다. 역사는 과거를 다루기 때문에, 사실상 모든 인간의 활동이 역사가 됩니다.

역사 과목이 비인기인 이유는 많은 사건을 한꺼번에 다루기 때문이기도 하고, 백과사전식 지식을 암기해야 시험을 통과할 수 있기 때문이기도 합니다.

하지만 역사학이 추구하는 것은 연도나 명칭 같은 지식을 암기하는 것이 아니라 역사적으로 사고하는 능력을 기르는 것입니다. 연도나 명칭 같은 세부적인 사실들은 인터넷에서 검색하면 다 알 수 있습니다. 낱낱의 사실을 조직화하는 것이 훨씬 중요합니다. 하나의 사건이 어떻게 다른 사건을 일으켰는지 이해하는 것이 역사학이 하는 일입니다. 조선 정부의 잘못된 결정이 어떻게 동학 농민 혁명을 불러일으켰고, 동학 농민 혁명을 진압하기 위해 조선으로 들어온 청나라군과 일본군이 어떻게 전쟁을 하게 되었는지가 중요합니다. 1894년 몇 월 며칠에 무슨 일이 벌어졌는지를 외우는 것은 의미가 없습니다.

이렇게 사건들을 큰 그림으로 조직화하는 것을 일반화한다고 말하는데, 일반화하기 위해서는 사료를 수집하는 작업을 해야 합니다. 당시에 사용된 문건들을 찾아내 사료를 수집하죠. 도서관에 가서 자료들을 보기도 하고 사건 현장에 가서 그곳에 남아 있는 흔적들을 추적하기도 해야 합니다. 직접 지형지물을 보면서 당시 기록과 대조하는 것도 중요합니다. 요즘은 인터넷으로도 많은 자료들을 찾을 수 있습니다. 우리나라와 관련한 역사 자료는 '한국사 데이터베이스(http://db.history.go.kr)'에서 대부분 찾아볼 수 있습니다.

자료를 수집한 다음에 그 자료들이 가리키는 방향을 읽어 내야 합니다. 이를 위해서는 개념적 사고를 해야 합니다. 사료들이 가리키는 방향을 읽어 내는 것을 개념을 잡는다고 이야기합니다. 이때 중요한 것은 객관적으로 생각해야 한다는 것입니다. 세상에 객관적인 건 없다는 냉소적인 태도는 도움이 되지 않습니다.

객관적으로 생각하는 지름길은 구별과 차이를 두지 않는 것입니다. 한국사를 읽는 사람들은 흔히 우리와 남을 구분합니다. 우리 편의 일이면 좀 사정을 봐주면서 읽게 되죠. 여기서 벗어나야 객관적이 되는 것입니다. 의식하면 할 수 있습니다.

유사역사가들은 우리한테 유리하게 연구하고 생각해야 한다고 말합니다. 그런데 문제는 그렇게 하는 게 우리에게 유리하지 않다는 데 있습니다. 객관적으로 사건을 보지 못하기 때문에 판단에 문제가 생기고 결국은 잘못된 길로 가게 됩니다.

나오는 글

남아 있는 기록에도 비논리적이고 주관적인 편견이 있을 가능성을 늘 명심해야 합니다. 기록을 남긴 것도 우리와 같은 사람들이기 때문입니다. 그래서 기록에 있는 단순한 실수를 사실과 구분해 내는 능력을 키워야 합니다. 앞서 다룬 '환국'과 같은 실수를 찾아낼 수 있어야 합니다.

역사를 공부하다 보면 '우연'이 역사의 흐름을 뒤흔든 경우를 볼 수 있습니다. 그때 그 일이 일어나지 않았다면 역사가 달라졌을 법한 일들이 셀 수 없이 많습니다. 하지만 그 일도 결국 역사의 큰 흐름 중 일부분이라는 것을 명심해야 합니다.

사람들은 흥미롭고 가슴 뛰는 이야기를 좋아합니다. 역사를 통해서도 그런 이야기를 풀어 나갈 수 있습니다. 만들어진 이야기보다 실제 일어난 일은 더 절절하게 가슴에 와 닿죠. 이런 흥미로운 역사 이야기로 사람들이 역사에 관심을 갖도록 이끄는 것 또한 역사가의 일입니다.

역사학은 조사하고 연구하는 학문입니다. 조사하고 연구하는 대상은 사람이 행한 일들입니다. 역사가는 증거를 수집하고 왜 그런 일이 벌어졌는지, 결과가 어땠는지 따져 봅니다. 이런 일을 하는 이유는 인간에 대한 이해를 높이기 위해서입니다. 그를 통해서 함께 살아가는 세상을 만드는 데 도움을 주고자 하는 것입니다. 이것이 역사학의 목적이고 역사를 연구하는 이유입니다.

나오는 글

1. 역사를 잊으면 어떤 일이 벌어질까요?

'역사를 잊은 민족에게 미래는 없다'라는 말을 신채호가 하지 않았다는 것과 별개로 이 말이 가진 의미를 생각해 봅시다. 역사는 교훈을 주기 때문에 기억해야 한다는 뜻이죠. 하지만 교훈은 소설이나 철학에서도 얻을 수 있습니다. 그렇다면 굳이 교훈을 얻기 위해서 역사를 기억할 필요는 없지 않을까요? 역사를 기억해야 하는 이유는 무엇인지 이야기해 봅시다.

2. 역사는 승자의 기록일까요?

'역사는 승자의 기록'이라는 말은 틀린 말이지만 역사가 승자인 나라에 의해서 전해지는 경우가 많은 건 사실이 아닐까요? 그리고 승자인 나라들은 자신들에게 유리하게 역사를 꾸몄을 겁니다. 그렇다면 역사가는 진짜로 있었던 일과 가짜로 꾸민 일을 어떻게 구별할 수 있는지 이야기해 봅시다.

3. 민족주의는 없어져야 할까요?

유럽에서는 아리안 민족이 최고라고 주장하는 나치가 등장해서 제2차 세계 대전을 일으키는 등 민족주의의 폐해를 크게 겪었기 때문에 민족주의를 죄악시합니다. 하지만 오래전부터 같은 언어와 신화를 공유하는 공동체가 하나의 국가를 이루고 살았던 동양은 민족과 국가가 일치하는 역사를 가졌습니다. 민족주의가 조선 말에 우리나라에 소개되고 바로 받아들여진 것은 이런 역사가 있었기 때문입니다. 일제 강점기에 조선인들은 일본과 우리는 다른 민족이라는 점을 언제나 기억하고, 우리 민족의 나라를 만들기 위해서 노력했습니다. 이런 노력 덕분에 우리는 독립 국가를 만들고 발전해 왔죠. 사실 유럽 나라들도 이런 민족주의의 단계를 거쳐 오다가 전쟁을 겪고 민족주의의 위험성을 깨달은 것입니다. 이제 우리도 민족주의를 어떻게 생각해야 할지 고민해야 할 때입니다. 민족주의에 대한 자신의 생각을 이야기해 봅시다.

4. 역사 기록이 사실인지 아닌지 어떻게 판단할 수 있을까요?

옛날 사람들도 거짓말을 합니다. 앞뒤가 맞지 않는 역사 기록

도 많죠. 그렇다 보니 역사가가 자기 생각과 맞지 않는 기록은 거
짓말이라고 해 버리고, 자기 생각과 맞는 말만 사실이라고 이야
기할 수도 있습니다. 이렇게 자기 생각에 따라 역사 기록을 판단
하면 어떻게 될까요? 역사 기록은 어떤 기준으로 사실인지 아닌
지를 판단할 수 있을까요? 자신의 생각을 이야기해 봅시다.

5. 역사가는 왜 역사를 재구성할까요?

역사가들은 사료에 나오는 사실을 가지고 그 시대의 역사를 재
구성합니다. 무슨 의미인지 알 수 없는 사료는 역사가가 설명해
줘야 합니다. 단군 신화에서 곰이 여자가 되었다는 이야기처럼
오늘날의 관점으로 보면 말도 안 되는 이야기를 역사가들이 어떤
의미인지 설명해 주는 거죠. 하지만 다른 한편으로 생각해 보면
역사를 있는 그대로 이야기해야지, 역사가가 자기 입맛대로 재구
성해서 이야기한다면 역사를 어떻게 믿을 수 있을까요? 역사가
는 왜 역사를 재구성하는 걸까요? 역사의 재구성이 왜 필요한지
생각하여 이야기해 봅시다.

6. 문자 기록은 왜 중요할까요?

터키에서 기원전 9600년에 만들어진 세계에서 가장 오래된 도시 유적, 괴베클리 테페가 발견되었습니다. 2018년에 유네스코 세계 문화유산에 등재되었지요. 이곳에서 문자로 된 기록은 발견되지 않았죠. 하지만 고고학자와 역사가들은 이곳의 역사를 재구성해 나가고 있습니다. 건축물이 만들어진 형태, 유적에 그려진 그림과 조각된 형상들을 살펴보고 전문가들의 풍부한 지식으로 다른 유적과 비교 분석하여 재구성합니다. 이렇게 문자 기록이 없어도 역사의 재구성이 가능하긴 하지만 역사를 재구성할 때는 문자 기록이 가장 중요합니다. 왜 그런지 이야기해 봅시다.

7. 가짜 사료에 속지 않으려면 어떻게 해야 할까요?

사람들이 「시온 장로들의 프로토콜」이나 『환단고기』 같은 가짜 사료를 믿는 이유는 무엇일까요? 사람들이 원하는 이야기를 들려주기 때문입니다. 거짓으로 사람들의 욕망을 자극하고 만족시켜 주는 것이죠. 가짜 사료에 속지 않기 위해서는 어떻게 해야 할지 이야기해 봅시다.

참고 자료

유치진, 『원술랑』, 1950

그림 형제, 『개구리 왕자』, 1857

김부식, 『삼국사기』, 1145

일연, 『삼국유사』, 1281

진수, 『삼국지』, 3세기 말

유득공, 『해동역사』 서문, 1823

조선 총독부 관보 제69호, 1910.11.19

알퐁스 도데, 『마지막 수업』, 1871

이기, 『송와잡설』, 16세기경

박종화, 『자고 가는 저 구름아』, 1962

박종화, 「목매이는 여자」, 1923

광개토왕비, 5세기경

이승휴, 『제왕운기』, 1278

이이, 『기자실기』, 1580

E. H. 카, 『역사란 무엇인가』, 1961

움베르토 에코, 『프라하의 묘지』, 2010

「시온 장로의 프로토콜」, 1903

헤겔, 『역사철학강의』, 1840

마르크스, 『자본』, 1867

구범진, 『병자호란, 홍타이지의 전쟁』, 까치, 2019

사마천, 『사기』, 기원전 108년경

유지기, 『사통』, 8세기경

마르크 블로크, 『역사를 위한 변명』, 1941

리처드 파인만, 『발견하는 즐거움』, 김희봉, 승영조 역, 승산, 2001

플라톤, 『파이드로스』, 기원전 4세기경

조경철, 『한국 고대사 산책』, 역사비평사, 2017